ॐ

श्रीविष्णुसहस्रनामस्तोत्रम्

एवं

श्रीमद्भगवद्गीता

ॐ

śrīviṣṇu-sahasranāma-stotram

&

śrīmad-bhagavad-gītā

Belongs to ________________________________

Sanskrit Text with Transliteration
(No Translation)

Published by: only **RAMA** only
(an Imprint of e1i1 Corporation)

Title: Viṣhṇu-Sahasranama-Stotra and Bhagavad-Gita
Sub-Title: Sanskrit Text with Transliteration (No Translation)

Editor: Sushma

Identifiers

ISBN: 978-1-945739-81-1 (Paperback)

—o—

About the Book: This book contains the **śrīviṣṇu-sahasranāma-stotram** & **śrīmad-bhagavad-gītā** Texts in Sanskrit along with English Transliteration (but **NO** Translation).

Please Note: This is only a SANSKRIT Edition, without any Translations.

—o—

~ ॐ ~

श्रीविष्णुसहस्रनामस्तोत्रम् śrīviṣṇu-sahasranāma-stotram

स्तुति • ५ - 5

स्तोत्रम् • ११ - 11

उत्तर भागः • २५ - 25

~ ॐ ~

श्रीमद्भगवद्गीता śrīmadbhagavadgītā

स्तुति • ३१ - 31

I – प्रथमोऽध्यायः – अर्जुनविषादयोगः • ३३ - 33

II – द्वितीयोऽध्यायः – साङ्ख्ययोगः • ४० - 40

III – तृतीयोऽध्यायः – कर्मयोगः • ५० - 50

IV – चतुर्थोऽध्यायः – ज्ञानकर्मसंन्यासयोगः • ५६ - 56

V – पञ्चमोऽध्यायः – संन्यासयोगः • ६२ - 62

VI – षष्ठोऽध्यायः – ध्यानयोगः • ६६ - 66

VII – सप्तमोऽध्यायः – ज्ञानविज्ञानयोगः • ७३ - 73

VIII – अष्टमोऽध्यायः – अक्षरब्रह्मयोगः • ७८ - 78

IX – नवमोऽध्यायः – राजविद्याराजगुह्ययोगः • ८२ - 82

X – दशमोऽध्यायः – विभूतियोगः • ८७ - 87

XI – एकादशोऽध्यायः – विश्वरूपदर्शनयोगः • ९३ - 93

XII – द्वादशोऽध्यायः – भक्तियोगः • १०२ - 102

XIII – त्रयोदशोऽध्यायः – क्षेत्रक्षेत्रज्ञविभागयोगः • १०५ - 105

XIV – चतुर्दशोऽध्यायः – गुणत्रयविभागयोगः • ११० - 110

XV – पञ्चदशोऽध्यायः – पुरुषोत्तमयोगः • ११४ - 114

XVI – षोडशोऽध्यायः – दैवासुरसम्पद्विभागयोगः • ११७ - 117

XVII – सप्तदशोऽध्यायः – श्रद्धात्रयविभागयोगः • १२१ - 121

XVIII – अष्टादशोऽध्यायः – मोक्षसंन्यासयोगः • १२५ - 125

~ ॐ ~~ ॐ ~

गीतामाहात्म्यम् • १३६ - 136

विभिन्न स्तुति मंत्र • १३७ - 137

INVOCATIONS

— ॐ — ध्यानम् — ॐ — dhyānam — ॐ —

ॐ श्री परमात्मने नमः

— om śrī paramātmane namaḥ —

त्वमेव माता च पिता त्वमेव । त्वमेव बंधुश्च सखा त्वमेव ।

tvameva mātā ca pitā tvameva ,
tvameva baṁdhuśca sakhā tvameva ,

त्वमेव विद्या द्रविणं त्वमेव । त्वमेव सर्वं मम देवदेव ॥

tvameva vidyā draviṇaṁ tvameva ,
tvameva sarvaṁ mama devadeva .

— ॐ —

शान्ताकारं भुजगशयनं पद्मनाभं सुरेशं

śāntākāraṁ bhujagaśayanaṁ padmanābhaṁ sureśaṁ

विश्वाधारं गगनसदृशं मेघवर्णं शुभाङ्गम् ।

viśvādhāraṁ gaganasadṛśaṁ meghavarṇaṁ śubhāṅgam ,

लक्ष्मीकान्तं कमलनयनं योगिभिर्ध्यानगम्यं

lakṣmīkāntaṁ kamalanayanaṁ yogibhirdhyānagamyaṁ

वन्दे विष्णुं भवभयहरं सर्वलोकैकनाथम् ॥

vande viṣṇuṁ bhavabhayaharaṁ sarvalokaikanātham .

— ॐ —

यं ब्रह्मा वरुणेन्द्ररुद्रमरुतः स्तुन्वन्ति दिव्यैः स्तवैः

yaṁ brahmā varuṇendrarudramarutaḥ stunvanti divyaiḥ stavaiḥ

वेदैः साङ्गपदक्रमोपनिषदैर्गायन्ति यं सामगाः ।

vedaiḥ sāṅgapadakramopaniṣadairgāyanti yaṁ sāmagāḥ ,

ध्यानावस्थिततद्गतेन मनसा पश्यन्ति यं योगिनो

dhyānāvasthitatadgatena manasā paśyanti yaṁ yogino

यस्यान्तं न विदुः सुरासुरगणा देवाय तस्मै नमः ॥

yasyāntaṁ na viduḥ surāsuragaṇā devāya tasmai namaḥ .

— ॐ —

मूकं करोति वाचालं पङ्गुं लङ्घयते गिरिम् ।

mūkaṁ karoti vācālaṁ paṅguṁ laṅghayate girim ,

यत्कृपा तमहं वन्दे परमानन्दमाधवम् ॥

yatkṛpā tamahaṁ vande paramānandamādhavam .

श्रीविष्णुसहस्रनामस्तोत्रम्
śrīviṣṇu-sahasranāma-stotram

~ॐ~

नारायणं नमस्कृत्य नरं चैव नरोत्तमम् ।
nārāyaṇaṁ namaskṛtya naraṁ caiva narottamam ,
देवीं सरस्वतीं व्यासं ततो जयमुदीरयेत् ॥
devīṁ sarasvatīṁ vyāsaṁ tato jayamudīrayet .

~ॐ~

ॐ अथ सकलसौभाग्यदायक श्रीविष्णुसहस्रनामस्तोत्रम् ।
om atha sakalasaubhāgyadāyaka śrīviṣṇusahasranāmastotram ,

~ॐ~

शुक्लाम्बरधरं विष्णुं शशिवर्णं चतुर्भुजम् ।
śuklāmbaradharaṁ viṣṇuṁ śaśivarṇaṁ caturbhujam ,
प्रसन्नवदनं ध्यायेत् सर्वविघ्नोपशान्तये ॥ १ ॥
prasannavadanaṁ dhyāyet sarvavighnopaśāntaye .1.
यस्य द्विरदवक्त्राद्याः पारिषद्याः परः शतम् ।
yasya dviradavaktrādyāḥ pāriṣadyāḥ paraḥ śatam ,
विघ्नं निघ्नन्ति सततं विष्वक्सेनं तमाश्रये ॥ २ ॥
vighnaṁ nighnanti satataṁ viṣvaksenaṁ tamāśraye . 2.
व्यासं वसिष्ठनप्तारं शक्तेः पौत्रमकल्मषम् ।
vyāsaṁ vasiṣṭhanaptāraṁ śakteḥ pautramakalmaṣam ,
पराशरात्मजं वन्दे शुकतातं तपोनिधिम् ॥ ३ ॥
parāśarātmajaṁ vande śukatātaṁ taponidhim .3.
व्यासाय विष्णुरूपाय व्यासरूपाय विष्णवे ।
vyāsāya viṣṇurūpāya vyāsarūpāya viṣṇave ,
नमो वै ब्रह्मनिधये वासिष्ठाय नमो नमः ॥ ४ ॥
namo vai brahmanidhaye vāsiṣṭhāya namo namaḥ .4.
अविकाराय शुद्धाय नित्याय परमात्मने ।
avikārāya śuddhāya nityāya paramātmane ,
सदैकरूपरूपाय विष्णवे सर्वजिष्णवे ॥ ५ ॥
sadaikarūparūpāya viṣṇave sarvajiṣṇave .5.

यस्य स्मरणमात्रेण जन्मसंसारबन्धनात् ।
yasya smaraṇamātreṇa janmasaṁsārabandhanāt ,
विमुच्यते नमस्तस्मै विष्णवे प्रभविष्णवे ॥ ६ ॥
vimucyate namastasmai viṣṇave prabhaviṣṇave .6.

~ॐ~

ॐ नमो विष्णवे प्रभविष्णवे
om namo viṣṇave prabhaviṣṇave

~ॐ~

श्रीवैशम्पायन उवाच :
śrīvaiśampāyana uvāca :

श्रुत्वा धर्मानशेषेण पावनानि च सर्वशः ।
śrutvā dharmānaśeṣeṇa pāvanāni ca sarvaśaḥ ,
युधिष्ठिरः शान्तनवं पुनरेवाभ्यभाषत ॥ ७ ॥
yudhiṣṭhiraḥ śāntanavaṁ punarevābhyabhāṣata .7.

~ॐ~

युधिष्ठिर उवाच :
yudhiṣṭhira uvāca :

किमेकं दैवतं लोके किं वाप्येकं परायणम् ।
kimekaṁ daivataṁ loke kiṁ vāpyekaṁ parāyaṇam ,
स्तुवन्तः कं कमर्चन्तः प्राप्नुयुर्मानवाः शुभम् ॥ ८ ॥
stuvantaḥ kaṁ kamarcantaḥ prāpnuyurmānavāḥ śubham .8.
को धर्मः सर्वधर्माणां भवतः परमो मतः ।
ko dharmaḥ sarvadharmāṇāṁ bhavataḥ paramo mataḥ ,
किं जपन्मुच्यते जन्तुर्जन्मसंसारबन्धनात् ॥ ९ ॥
kiṁ japanmucyate janturjanmasaṁsārabandhanāt .9.

~ॐ~

श्रीभीष्म उवाच :
śrībhīṣma uvāca :

जगत्प्रभुं देवदेवमनन्तं पुरुषोत्तमम् ।
jagatprabhuṁ devadevamanantaṁ puruṣottamam ,
स्तुवन् नामसहस्रेण पुरुषः सततोत्थितः ॥ १० ॥
stuvan nāmasahasreṇa puruṣaḥ satatotthitaḥ .10.
तमेव चार्चयन्नित्यं भक्त्या पुरुषमव्ययम् ।
tameva cārcayannityaṁ bhaktyā puruṣamavyayam ,
ध्यायन् स्तुवन् नमस्यंश्च यजमानस्तमेव च ॥ ११ ॥
dhyāyan stuvan namasyaṁśca yajamānastameva ca .11.

अनादिनिधनं विष्णुं सर्वलोकमहेश्वरम् ।
anādinidhanaṁ viṣṇuṁ sarvalokamaheśvaram ,
लोकाध्यक्षं स्तुवन्नित्यं सर्वदुःखातिगो भवेत् ॥ १२ ॥
lokādhyakṣaṁ stuvannityaṁ sarvaduḥkhātigo bhavet .12.
ब्रह्मण्यं सर्वधर्मज्ञं लोकानां कीर्तिवर्धनम् ।
brahmaṇyaṁ sarvadharmajñaṁ lokānāṁ kīrtivardhanam ,
लोकनाथं महद्भूतं सर्वभूतभवोद्भवम् ॥ १३ ॥
lokanāthaṁ mahadbhūtaṁ sarvabhūtabhavodbhavam .13.
एष मे सर्वधर्माणां धर्मोऽधिकतमो मतः ।
eṣa me sarvadharmāṇāṁ dharmo'dhikatamo mataḥ ,
यद्भक्त्या पुण्डरीकाक्षं स्तवैरर्चेन्नरः सदा ॥ १४ ॥
yadbhaktyā puṇḍarīkākṣaṁ stavairarcennaraḥ sadā .14.
परमं यो महत्तेजः परमं यो महत्तपः ।
paramaṁ yo mahattejaḥ paramaṁ yo mahattapaḥ ,
परमं यो महद्ब्रह्म परमं यः परायणम् ॥ १५ ॥
paramaṁ yo mahadbrahma paramaṁ yaḥ parāyaṇam .15.
पवित्राणां पवित्रं यो मङ्गलानां च मङ्गलम् ।
pavitrāṇāṁ pavitraṁ yo maṅgalānāṁ ca maṅgalam ,
दैवतं दैवतानां च भूतानां योऽव्ययः पिता ॥ १६ ॥
daivataṁ daivatānāṁ ca bhūtānāṁ yo'vyayaḥ pitā .16.
यतः सर्वाणि भूतानि भवन्त्यादियुगागमे ।
yataḥ sarvāṇi bhūtāni bhavantyādiyugāgame ,
यस्मिंश्च प्रलयं यान्ति पुनरेव युगक्षये ॥ १७ ॥
yasmiṁśca pralayaṁ yānti punareva yugakṣaye .17.
तस्य लोकप्रधानस्य जगन्नाथस्य भूपते ।
tasya lokapradhānasya jagannāthasya bhūpate ,
विष्णोर्नामसहस्रं मे शृणु पापभयापहम् ॥ १८ ॥
viṣṇornāmasahasraṁ me śṛṇu pāpabhayāpaham .18.
यानि नामानि गौणानि विख्यातानि महात्मनः ।
yāni nāmāni gauṇāni vikhyātāni mahātmanaḥ ,
ऋषिभिः परिगीतानि तानि वक्ष्यामि भूतये ॥ १९ ॥
ṛṣibhiḥ parigītāni tāni vakṣyāmi bhūtaye .19.

ऋषिर्नाम्नां सहस्रस्य वेदव्यासो महामुनिः ।
ṛṣirnāmnāṁ sahasrasya vedavyāso mahāmuniḥ ,
छन्दोऽनुष्टुप् तथा देवो भगवान् देवकीसुतः ॥२०॥
chando'nuṣṭup tathā devo bhagavān devakīsutaḥ .20.
अमृतांशूद्भवो बीजं शक्तिर्देवकिनन्दनः ।
amṛtāṁśūdbhavo bījaṁ śaktirdevakinandanaḥ ,
त्रिसामा हृदयं तस्य शान्त्यर्थे विनियोज्यते ॥२१॥
trisāmā hṛdayaṁ tasya śāntyarthe viniyojyate .21.
विष्णुं जिष्णुं महाविष्णुं प्रभविष्णुं महेश्वरम्॥
viṣṇuṁ jiṣṇuṁ mahāviṣṇuṁ prabhaviṣṇuṁ maheśvaram .
अनेकरूप दैत्यान्तं नमामि पुरुषोत्तमं ॥२२॥
anekarūpa daityāntaṁ namāmi puruṣottamaṁ .22 .

~ॐ~

न्यासः
nyāsaḥ

~ॐ~

श्रीवेदव्यास उवाच :
śrīvedavyāsa uvāca :

ॐ अस्य श्रीविष्णोर्दिव्यसहस्रनामस्तोत्रमहामन्त्रस्य ।
om asya śrīviṣṇordivyasahasranāmastotramahāmantrasya ,
श्री वेदव्यासो भगवान् ऋषिः । अनुष्टुप् छन्दः ।
śrī vedavyāso bhagavān ṛṣiḥ , anuṣṭup chandaḥ ,
श्रीमहाविष्णुः परमात्मा श्रीमन्नारायणो देवता ।
śrīmahāviṣṇuḥ paramātmā śrīmannārāyaṇo devatā ,
अमृतांशूद्भवो भानुरिति बीजम् ।
amṛtāṁśūdbhavo bhānuriti bījam ,
देवकीनन्दनः स्रष्टेति शक्तिः ।
devakīnandanaḥ sraṣṭeti śaktiḥ ,
उद्भवः क्षोभणो देव इति परमो मन्त्रः ।
udbhavaḥ kṣobhaṇo deva iti paramo mantraḥ ,
शङ्खभृन्नन्दकी चक्रीति कीलकम् ।
śaṅkhabhṛnnandakī cakrīti kīlakam ,
शार्ङ्गधन्वा गदाधर इत्यस्त्रम् ।
śārṅgadhanvā gadādhara ityastram ,
रथाङ्गपाणिरक्षोभ्य इति नेत्रम् ।
rathāṅgapāṇirakṣobhya iti netram ,

त्रिसामा सामगः सामेति कवचम् ।
trisāmā sāmagaḥ sāmeti kavacam ,

आनन्दं परब्रह्मेति योनिः ।
ānandaṁ parabrahmeti yoniḥ ,

ऋतुः सुदर्शनः काल इति दिग्बन्धः ॥
ṛtuḥ sudarśanaḥ kāla iti digbandhaḥ .

श्रीविश्वरूप इति ध्यानम् ।
śrīviśvarūpa iti dhyānam ,

श्रीमहाविष्णुप्रीत्यर्थे सहस्रनामस्तोत्रपाठे विनियोगः ॥
śrīmahāviṣṇuprītyarthe sahasranāmastotrapāṭhe viniyogaḥ .

~ॐ~

अथ ध्यानम्
atha dhyānam

~ॐ~

क्षीरोदन्वत्प्रदेशे शुचिमणिविलसत्सैकतेमौक्तिकानां
kṣīrodanvatpradeśe śucimaṇivilasatsaikatermauktikānāṁ

मालाक्लृप्तासनस्थः स्फटिकमणिनिभैर्मौक्तिकैर्मण्डिताङ्गः ।
mālāklṛptāsanasthaḥ sphaṭikamaṇinibhairmauktikairmaṇḍitāṅgaḥ ,

शुभ्रैरभ्रैरदभ्रैरुपरिविरचितैर्मुक्तपीयूष वर्षैः
śubhrairabhrairadabhrairupariviracitairmuktapīyūṣa varṣaiḥ

आनन्दी नः पुनीयादरिनलिनगदा शङ्खपाणिर्मुकुन्दः ॥१॥
ānandī naḥ punīyādarinalinagadā śaṅkhapāṇirmukundaḥ .1.

भूः पादौ यस्य नाभिर्वियदसुरनिलश्चन्द्र सूर्यौ च नेत्रे
bhūḥ pādau yasya nābhirviyadasuranilaścandra sūryau ca netre

कर्णावाशाः शिरो द्यौर्मुखमपि दहनो यस्य वास्तेयमब्धिः ।
karṇāvāśāḥ śiro dyaurmukhamapi dahano yasya vāsteyamabdhiḥ ,

अन्तःस्थं यस्य विश्वं सुरनरखगगोभोगिगन्धर्वदैत्यैः
antaḥsthaṁ yasya viśvaṁ suranarakhagagobhogigandharvadaityaiḥ

चित्रं रंरम्यते तं त्रिभुवन वपुषं विष्णुमीशं नमामि ॥२॥
citraṁ raṁramyate taṁ tribhuvana vapuṣaṁ
viṣṇumīśaṁ namāmi .2.

~ॐ~

ॐ शान्ताकारं भुजगशयनं पद्मनाभं सुरेशं
om śāntākāraṁ bhujagaśayanaṁ padmanābhaṁ sureśaṁ
विश्वाधारं गगनसदृशं मेघवर्णं शुभाङ्गम् ।
viśvādhāraṁ gaganasadṛśaṁ meghavarṇaṁ śubhāṅgam ,
लक्ष्मीकान्तं कमलनयनं योगिभिर्ध्यानगम्यं
lakṣmīkāntaṁ kamalanayanaṁ yogibhirdhyānagamyaṁ
वन्दे विष्णुं भवभयहरं सर्वलोकैकनाथम् ॥ ३ ॥
vande viṣṇuṁ bhavabhayaharaṁ sarvalokaikanātham .3.

~ॐ~

मेघश्यामं पीतकौशेयवासं श्रीवत्साङ्कं कौस्तुभोद्भासिताङ्गम् ।
meghaśyāmaṁ pītakauśeyavāsaṁ
śrīvatsāṅkaṁ kaustubhodbhāsitāṅgam ,
पुण्योपेतं पुण्डरीकायताक्षं विष्णुं वन्दे सर्वलोकैकनाथम् ॥ ४ ॥
puṇyopetaṁ puṇḍarīkāyatākṣaṁ
viṣṇuṁ vande sarvalokaikanātham .4.

नमः समस्तभूतानामादिभूताय भूभृते ।
namaḥ samastabhūtānāmādibhūtāya bhūbhṛte ,
अनेकरूपरूपाय विष्णवे प्रभविष्णवे ॥ ५ ॥
anekarūparūpāya viṣṇave prabhaviṣṇave .5.

सशङ्खचक्रं सकिरीटकुण्डलं सपीतवस्त्रं सरसीरुहेक्षणम् ।
saśaṅkhacakraṁ sakirīṭakuṇḍalaṁ sapītavastraṁ sarasīruhekṣaṇam ,
सहारवक्षः स्थलशोभिकौस्तुभं
sahāravakṣaḥ sthalaśobhikaustubhaṁ
नमामि विष्णुं शिरसा चतुर्भुजम् ॥ ६ ॥
namāmi viṣṇuṁ śirasā caturbhujam .6.

छायायां पारिजातस्य हेमसिंहासनोपरि
chāyāyāṁ pārijātasya hemasiṁhāsanopari
आसीनमम्बुदश्याममायताक्षमलंकृतम् ।
āsīnamambudaśyāmamāyatākṣamalaṁkṛtam ,
चन्द्राननं चतुर्बाहुं श्रीवत्साङ्कित वक्षसं
candrānanaṁ caturbāhuṁ śrīvatsāṅkita vakṣasaṁ
रुक्मिणी सत्यभामाभ्यां सहितं कृष्णमाश्रये ॥ ७ ॥
rukmiṇī satyabhāmābhyāṁ sahitaṁ kṛṣṇamāśraye .7.

~ॐ~

स्तोत्रम्

stotram

~ॐ~

ॐ

विश्वं विष्णुर्वषट्कारो भूतभव्यभवत्प्रभुः ।
viśvaṁ viṣṇurvaṣaṭkāro bhūtabhavyabhavatprabhuḥ ,

भूतकृद्भूतभृद्भावो भूतात्मा भूतभावनः ॥१॥
bhūtakṛdbhūtabhṛdbhāvo bhūtātmā bhūtabhāvanaḥ .1.

पूतात्मा परमात्मा च मुक्तानां परमा गतिः ।
pūtātmā paramātmā ca muktānāṁ paramā gatiḥ ,

अव्ययः पुरुषः साक्षी क्षेत्रज्ञोऽक्षर एव च ॥२॥
avyayaḥ puruṣaḥ sākṣī kṣetrajño'kṣara eva ca .2.

योगो योगविदां नेता प्रधानपुरुषेश्वरः ।
yogo yogavidāṁ netā pradhānapuruṣeśvaraḥ ,

नारसिंहवपुः श्रीमान् केशवः पुरुषोत्तमः ॥३॥
nārasiṁhavapuḥ śrīmān keśavaḥ puruṣottamaḥ .3.

सर्वः शर्वः शिवः स्थाणुर्भूतादिर्निधिरव्ययः ।
sarvaḥ śarvaḥ śivaḥ sthāṇurbhūtādirnidhiravyayaḥ ,

सम्भवो भावनो भर्ता प्रभवः प्रभुरीश्वरः ॥४॥
sambhavo bhāvano bhartā prabhavaḥ prabhurīśvaraḥ .4.

स्वयम्भूः शम्भुरादित्यः पुष्कराक्षो महास्वनः ।
svayambhūḥ śambhurādityaḥ puṣkarākṣo mahāsvanaḥ ,

अनादिनिधनो धाता विधाता धातुरुत्तमः ॥५॥
anādinidhano dhātā vidhātā dhāturuttamaḥ .5.

अप्रमेयो हृषीकेशः पद्मनाभोऽमरप्रभुः ।
aprameyo hṛṣīkeśaḥ padmanābho'maraprabhuḥ ,

विश्वकर्मा मनुस्त्वष्टा स्थविष्ठः स्थविरो ध्रुवः ॥६॥
viśvakarmā manustvaṣṭā sthaviṣṭhaḥ sthaviro dhruvaḥ .6.

अग्राह्यः शाश्वतः कृष्णो लोहिताक्षः प्रतर्दनः ।
agrāhyaḥ śāśvataḥ kṛṣṇo lohitākṣaḥ pratardanaḥ ,

प्रभूतस्त्रिककुब्धाम पवित्रं मङ्गलं परम् ॥७॥
prabhūtastrikakubdhāma pavitraṁ maṅgalaṁ param .7.

ईशानः प्राणदः प्राणो ज्येष्ठः श्रेष्ठः प्रजापतिः ।
īśānaḥ prāṇadaḥ prāṇo jyeṣṭhaḥ śreṣṭhaḥ prajāpatiḥ ,

हिरण्यगर्भो भूगर्भो माधवो मधुसूदनः ॥८॥
hiraṇyagarbho bhūgarbho mādhavo madhusūdanaḥ .8.

ईश्वरो विक्रमी धन्वी मेधावी विक्रमः क्रमः ।
īśvaro vikramī dhanvī medhāvī vikramaḥ kramaḥ ,

अनुत्तमो दुराधर्षः कृतज्ञः कृतिरात्मवान् ॥९॥
anuttamo durādharṣaḥ kṛtajñaḥ kṛtirātmavān .9.

सुरेशः शरणं शर्म विश्वरेताः प्रजाभवः ।
sureśaḥ śaraṇaṁ śarma viśvaretāḥ prajābhavaḥ ,

अहः संवत्सरो व्यालः प्रत्ययः सर्वदर्शनः ॥१०॥
ahaḥ saṁvatsaro vyālaḥ pratyayaḥ sarvadarśanaḥ .10.

अजः सर्वेश्वरः सिद्धः सिद्धिः सर्वादिरच्युतः ।
ajaḥ sarveśvaraḥ siddhaḥ siddhiḥ sarvādiracyutaḥ ,

वृषाकपिरमेयात्मा सर्वयोगविनिःसृतः ॥११॥
vṛṣākapirameyātmā sarvayogaviniḥsṛtaḥ .11.

वसुर्वसुमनाः सत्यः समात्माऽसम्मितः समः ।
vasurvasumanāḥ satyaḥ samātmā'sammitaḥ samaḥ ,

अमोघः पुण्डरीकाक्षो वृषकर्मा वृषाकृतिः ॥१२॥
amoghaḥ puṇḍarīkākṣo vṛṣakarmā vṛṣākṛtiḥ .12.

रुद्रो बहुशिरा बभ्रुर्विश्वयोनिः शुचिश्रवाः ।
rudro bahuśirā babhrurviśvayoniḥ śuciśravāḥ ,

अमृतः शाश्वतस्थाणुर्वरारोहो महातपाः ॥१३॥
amṛtaḥ śāśvatasthāṇurvarāroho mahātapāḥ .13.

सर्वगः सर्वविद्भानुर्विष्वक्सेनो जनार्दनः ।
sarvagaḥ sarvavidbhānurviṣvakseno janārdanaḥ ,

वेदो वेदविदव्यङ्गो वेदाङ्गो वेदवित् कविः ॥१४॥
vedo vedavidavyaṅgo vedāṅgo vedavit kaviḥ .14.

लोकाध्यक्षः सुराध्यक्षो धर्माध्यक्षः कृताकृतः ।
lokādhyakṣaḥ surādhyakṣo dharmādhyakṣaḥ kṛtākṛtaḥ ,

चतुरात्मा चतुर्व्यूहश्चतुर्दंष्ट्रश्चतुर्भुजः ॥१५॥
caturātmā caturvyūhaścaturdaṁṣṭraścaturbhujaḥ .15.

भ्राजिष्णुर्भोजनं भोक्ता सहिष्णुर्जगदादिजः ।
bhrājiṣṇurbhojanaṁ bhoktā sahiṣṇurjagadādijaḥ ,
अनघो विजयो जेता विश्वयोनिः पुनर्वसुः ॥१६॥
anagho vijayo jetā viśvayoniḥ punarvasuḥ .16.
उपेन्द्रो वामनः प्रांशुरमोघः शुचिरूर्जितः ।
upendro vāmanaḥ prāṁśuramoghaḥ śucirūrjitaḥ ,
अतीन्द्रः सङ्ग्रहः सर्गो धृतात्मा नियमो यमः ॥१७॥
atīndraḥ saṅgrahaḥ sargo dhṛtātmā niyamo yamaḥ .17.
वेद्यो वैद्यः सदायोगी वीरहा माधवो मधुः ।
vedyo vaidyaḥ sadāyogī vīrahā mādhavo madhuḥ ,
अतीन्द्रियो महामायो महोत्साहो महाबलः ॥१८॥
atīndriyo mahāmāyo mahotsāho mahābalaḥ .18.
महाबुद्धिर्महावीर्यो महाशक्तिर्महाद्युतिः ।
mahābuddhirmahāvīryo mahāśaktirmahādyutiḥ ,
अनिर्देश्यवपुः श्रीमानमेयात्मा महाद्रिधृक् ॥१९॥
anirdeśyavapuḥ śrīmānameyātmā mahādridhṛk .19.
महेष्वासो महीभर्ता श्रीनिवासः सतां गतिः ।
maheṣvāso mahībhartā śrīnivāsaḥ satāṁ gatiḥ ,
अनिरुद्धः सुरानन्दो गोविन्दो गोविदां पतिः ॥२०॥
aniruddhaḥ surānando govindo govidāṁ patiḥ .20.
मरीचिर्दमनो हंसः सुपर्णो भुजगोत्तमः ।
marīcirdamano haṁsaḥ suparṇo bhujagottamaḥ ,
हिरण्यनाभः सुतपाः पद्मनाभः प्रजापतिः ॥२१॥
hiraṇyanābhaḥ sutapāḥ padmanābhaḥ prajāpatiḥ .21.
अमृत्युः सर्वदृक् सिंहः सन्धाता सन्धिमान् स्थिरः ।
amṛtyuḥ sarvadṛk siṁhaḥ sandhātā sandhimān sthiraḥ ,
अजो दुर्मर्षणः शास्ता विश्रुतात्मा सुरारिहा ॥२२॥
ajo durmarṣaṇaḥ śāstā viśrutātmā surārihā .22.
गुरुर्गुरुतमो धाम सत्यः सत्यपराक्रमः ।
gururgurutamo dhāma satyaḥ satyaparākramaḥ ,
निमिषोऽनिमिषः स्रग्वी वाचस्पतिरुदारधीः ॥२३॥
nimiṣo'nimiṣaḥ sragvī vācaspatirudāradhīḥ .23.

अग्रणीर्ग्रामणीः श्रीमान् न्यायो नेता समीरणः ।

agraṇīrgrāmaṇīḥ śrīmān nyāyo netā samīraṇaḥ ,

सहस्रमूर्धा विश्वात्मा सहस्राक्षः सहस्रपात् ॥२४॥

sahasramūrdhā viśvātmā sahasrākṣaḥ sahasrapāt .24.

आवर्तनो निवृत्तात्मा संवृतः सम्प्रमर्दनः ।

āvartano nivṛttātmā saṁvṛtaḥ sampramardanaḥ ,

अहः संवर्तको वह्निरनिलो धरणीधरः ॥२५॥

ahaḥ saṁvartako vahniranilo dharaṇīdharaḥ .25.

सुप्रसादः प्रसन्नात्मा विश्वधृग्विश्वभुग्विभुः ।

suprasādaḥ prasannātmā viśvadhṛgviśvabhugvibhuḥ ,

सत्कर्ता सत्कृतः साधुर्जह्नुर्नारायणो नरः ॥२६॥

satkartā satkṛtaḥ sādhurjahnurnārāyaṇo naraḥ .26.

असङ्ख्येयोऽप्रमेयात्मा विशिष्टः शिष्टकृच्छुचिः ।

asaṅkhyeyo'prameyātmā viśiṣṭaḥ śiṣṭakṛcchuciḥ ,

सिद्धार्थः सिद्धसङ्कल्पः सिद्धिदः सिद्धिसाधनः ॥२७॥

siddhārthaḥ siddhasaṅkalpaḥ siddhidaḥ siddhisādhanaḥ .27.

वृषाही वृषभो विष्णुर्वृषपर्वा वृषोदरः ।

vṛṣāhī vṛṣabho viṣṇurvṛṣaparvā vṛṣodaraḥ ,

वर्धनो वर्धमानश्च विविक्तः श्रुतिसागरः ॥२८॥

vardhano vardhamānaśca viviktaḥ śrutisāgaraḥ .28.

सुभुजो दुर्धरो वाग्मी महेन्द्रो वसुदो वसुः ।

subhujo durdharo vāgmī mahendro vasudo vasuḥ ,

नैकरूपो बृहद्रूपः शिपिविष्टः प्रकाशनः ॥२९॥

naikarūpo bṛhadrūpaḥ śipiviṣṭaḥ prakāśanaḥ .29.

ओजस्तेजोद्युतिधरः प्रकाशात्मा प्रतापनः ।

ojastejodyutidharaḥ prakāśātmā pratāpanaḥ ,

ऋद्धः स्पष्टाक्षरो मन्त्रश्चन्द्रांशुर्भास्करद्युतिः ॥३०॥

ṛddhaḥ spaṣṭākṣaro mantraścandrāṁśurbhāskaradyutiḥ .30.

अमृतांशूद्भवो भानुः शशबिन्दुः सुरेश्वरः ।

amṛtāṁśūdbhavo bhānuḥ śaśabinduḥ sureśvaraḥ ,

औषधं जगतः सेतुः सत्यधर्मपराक्रमः ॥३१॥

auṣadhaṁ jagataḥ setuḥ satyadharmaparākramaḥ .31.

भूतभव्यभवन्नाथः पवनः पावनोऽनलः ।
bhūtabhavyabhavannāthaḥ pavanaḥ pāvano'nalaḥ ,
कामहा कामकृत्कान्तः कामः कामप्रदः प्रभुः ॥ ३२ ॥
kāmahā kāmakṛtkāntaḥ kāmaḥ kāmapradaḥ prabhuḥ .32.
युगादिकृद्युगावर्तो नैकमायो महाशनः ।
yugādikṛdyugāvarto naikamāyo mahāśanaḥ ,
अदृश्यो व्यक्तरूपश्च सहस्रजिदनन्तजित् ॥ ३३ ॥
adṛśyo vyaktarūpaśca sahasrajidanantajit .33.
इष्टोऽविशिष्टः शिष्टेष्टः शिखण्डी नहुषो वृषः ।
iṣṭo'viśiṣṭaḥ śiṣṭeṣṭaḥ śikhaṇḍī nahuṣo vṛṣaḥ ,
क्रोधहा क्रोधकृत्कर्ता विश्वबाहुर्महीधरः ॥ ३४ ॥
krodhahā krodhakṛtkartā viśvabāhurmahīdharaḥ .34.
अच्युतः प्रथितः प्राणः प्राणदो वासवानुजः ।
acyutaḥ prathitaḥ prāṇaḥ prāṇado vāsavānujaḥ ,
अपांनिधिरधिष्ठानमप्रमत्तः प्रतिष्ठितः ॥ ३५ ॥
apāṁnidhiradhiṣṭhānamapramattaḥ pratiṣṭhitaḥ .35.
स्कन्दः स्कन्दधरो धुर्यो वरदो वायुवाहनः ।
skandaḥ skandadharo dhuryo varado vāyuvāhanaḥ ,
वासुदेवो बृहद्भानुरादिदेवः पुरन्दरः ॥ ३६ ॥
vāsudevo bṛhadbhānurādidevaḥ purandaraḥ .36.
अशोकस्तारणस्तारः शूरः शौरिर्जनेश्वरः ।
aśokastāraṇastāraḥ śūraḥ śaurirjaneśvaraḥ ,
अनुकूलः शतावर्तः पद्मी पद्मनिभेक्षणः ॥ ३७ ॥
anukūlaḥ śatāvartaḥ padmī padmanibhekṣaṇaḥ .37.
पद्मनाभोऽरविन्दाक्षः पद्मगर्भः शरीरभृत् ।
padmanābho'ravindākṣaḥ padmagarbhaḥ śarīrabhṛt ,
महर्द्धिर्ऋद्धो वृद्धात्मा महाक्षो गरुडध्वजः ॥ ३८ ॥
maharddhirṛddho vṛddhātmā mahākṣo garuḍadhvajaḥ .38.
अतुलः शरभो भीमः समयज्ञो हविर्हरिः ।
atulaḥ śarabho bhīmaḥ samayajño havirhariḥ ,
सर्वलक्षणलक्षण्यो लक्ष्मीवान् समितिञ्जयः ॥ ३९ ॥
sarvalakṣaṇalakṣaṇyo lakṣmīvān samitiñjayaḥ .39.

विक्षरो रोहितो मार्गो हेतुर्दामोदरः सहः ।
vikṣaro rohito mārgo heturdāmodaraḥ sahaḥ ,

महीधरो महाभागो वेगवानमिताशनः ॥४०॥
mahīdharo mahābhāgo vegavānamitāśanaḥ .40.

उद्भवः क्षोभणो देवः श्रीगर्भः परमेश्वरः ।
udbhavaḥ kṣobhaṇo devaḥ śrīgarbhaḥ parameśvaraḥ ,

करणं कारणं कर्ता विकर्ता गहनो गुहः ॥४१॥
karaṇaṁ kāraṇaṁ kartā vikartā gahano guhaḥ .41.

व्यवसायो व्यवस्थानः संस्थानः स्थानदो ध्रुवः ।
vyavasāyo vyavasthānaḥ saṁsthānaḥ sthānado dhruvaḥ ,

परर्द्धिः परमस्पष्टस्तुष्टः पुष्टः शुभेक्षणः ॥४२॥
pararddhiḥ paramaspaṣṭastuṣṭaḥ puṣṭaḥ śubhekṣaṇaḥ .42.

रामो विरामो विरजो मार्गो नेयो नयोऽनयः ।
rāmo virāmo virajo mārgo neyo nayo'nayaḥ ,

वीरः शक्तिमतां श्रेष्ठो धर्मो धर्मविदुत्तमः ॥४३॥
vīraḥ śaktimatāṁ śreṣṭho dharmo dharmaviduttamaḥ .43.

वैकुण्ठः पुरुषः प्राणः प्राणदः प्रणवः पृथुः ।
vaikuṇṭhaḥ puruṣaḥ prāṇaḥ prāṇadaḥ praṇavaḥ pṛthuḥ ,

हिरण्यगर्भः शत्रुघ्नो व्याप्तो वायुरधोक्षजः ॥४४॥
hiraṇyagarbhaḥ śatrughno vyāpto vāyuradhokṣajaḥ .44.

ऋतुः सुदर्शनः कालः परमेष्ठी परिग्रहः ।
ṛtuḥ sudarśanaḥ kālaḥ parameṣṭhī parigrahaḥ ,

उग्रः संवत्सरो दक्षो विश्रामो विश्वदक्षिणः ॥४५॥
ugraḥ saṁvatsaro dakṣo viśrāmo viśvadakṣiṇaḥ .45.

विस्तारः स्थावरस्थाणुः प्रमाणं बीजमव्ययम् ।
vistāraḥ sthāvarasthāṇuḥ pramāṇaṁ bījamavyayam ,

अर्थोऽनर्थो महाकोशो महाभोगो महाधनः ॥४६॥
artho'nartho mahākośo mahābhogo mahādhanaḥ .46.

अनिर्विण्णः स्थविष्ठोऽभूर्धर्मयूपो महामखः ।
anirviṇṇaḥ sthaviṣṭho'bhūrdharmayūpo mahāmakhaḥ ,

नक्षत्रनेमिर्नक्षत्री क्षमः क्षामः समीहनः ॥४७॥
nakṣatranemirnakṣatrī kṣamaḥ kṣāmaḥ samīhanaḥ .47.

यज्ञ इज्यो महेज्यश्च क्रतुः सत्रं सतां गतिः ।
yajña ijyo mahejyaśca kratuḥ satraṁ satāṁ gatiḥ ,
सर्वदर्शी विमुक्तात्मा सर्वज्ञो ज्ञानमुत्तमम् ॥४८॥
sarvadarśī vimuktātmā sarvajño jñānamuttamam .48.

सुव्रतः सुमुखः सूक्ष्मः सुघोषः सुखदः सुहृत् ।
suvrataḥ sumukhaḥ sūkṣmaḥ sughoṣaḥ sukhadaḥ suhṛt ,
मनोहरो जितक्रोधो वीरबाहुर्विदारणः ॥४९॥
manoharo jitakrodho vīrabāhurvidāraṇaḥ .49.

स्वापनः स्ववशो व्यापी नैकात्मा नैककर्मकृत् ।
svāpanaḥ svavaśo vyāpī naikātmā naikakarmakṛt ,
वत्सरो वत्सलो वत्सी रत्नगर्भो धनेश्वरः ॥५०॥
vatsaro vatsalo vatsī ratnagarbho dhaneśvaraḥ .50.

धर्मगुब्धर्मकृद्धर्मी सदसत्क्षरमक्षरम् ।
dharmagubdharmakṛddharmī sadasatkṣaramakṣaram ,
अविज्ञाता सहस्रांशुर्विधाता कृतलक्षणः ॥५१॥
avijñātā sahasrāṁśurvidhātā kṛtalakṣaṇaḥ .51.

गभस्तिनेमिः सत्त्वस्थः सिंहो भूतमहेश्वरः ।
gabhastinemiḥ sattvasthaḥ siṁho bhūtamaheśvaraḥ ,
आदिदेवो महादेवो देवेशो देवभृद्गुरुः ॥५२॥
ādidevo mahādevo deveśo devabhṛdguruḥ .52.

उत्तरो गोपतिर्गोप्ता ज्ञानगम्यः पुरातनः ।
uttaro gopatirgoptā jñānagamyaḥ purātanaḥ ,
शरीरभूतभृद्भोक्ता कपीन्द्रो भूरिदक्षिणः ॥५३॥
śarīrabhūtabhṛdbhoktā kapīndro bhūridakṣiṇaḥ .53.

सोमपोऽमृतपः सोमः पुरुजित्पुरुसत्तमः ।
somapo'mṛtapaḥ somaḥ purujitpurusattamaḥ ,
विनयो जयः सत्यसन्धो दाशार्हः सात्वताम्पतिः ॥५४॥
vinayo jayaḥ satyasandho dāśārhaḥ sātvatāmpatiḥ .54.

जीवो विनयिता साक्षी मुकुन्दोऽमितविक्रमः ।
jīvo vinayitā sākṣī mukundo'mitavikramaḥ ,
अम्भोनिधिरनन्तात्मा महोदधिशयोऽन्तकः ॥५५॥
ambhonidhiranantātmā mahodadhiśayo'ntakaḥ .55.

अजो महार्हः स्वाभाव्यो जितामित्रः प्रमोदनः ।
ajo mahārhaḥ svābhāvyo jitāmitraḥ pramodanaḥ ,
आनन्दो नन्दनो नन्दः सत्यधर्मा त्रिविक्रमः ॥५६॥
ānando nandano nandaḥ satyadharmā trivikramaḥ .56.

महर्षिः कपिलाचार्यः कृतज्ञो मेदिनीपतिः ।
maharṣiḥ kapilācāryaḥ kṛtajño medinīpatiḥ ,
त्रिपदस्त्रिदशाध्यक्षो महाशृङ्गः कृतान्तकृत् ॥५७॥
tripadastridaśādhyakṣo mahāśṛṅgaḥ kṛtāntakṛt .57.

महावराहो गोविन्दः सुषेणः कनकाङ्गदी ।
mahāvarāho govindaḥ suṣeṇaḥ kanakāṅgadī ,
गुह्यो गभीरो गहनो गुप्तश्चक्रगदाधरः ॥५८॥
guhyo gabhīro gahano guptaścakragadādharaḥ .58.

वेधाः स्वाङ्गोऽजितः कृष्णो दृढः सङ्कर्षणोऽच्युतः ।
vedhāḥ svāṅgo'jitaḥ kṛṣṇo dṛḍhaḥ saṅkarṣaṇo'cyutaḥ ,
वरुणो वारुणो वृक्षः पुष्कराक्षो महामनाः ॥५९॥
varuṇo vāruṇo vṛkṣaḥ puṣkarākṣo mahāmanāḥ .59.

भगवान् भगहाऽऽनन्दी वनमाली हलायुधः ।
bhagavān bhagahā''nandī vanamālī halāyudhaḥ ,
आदित्यो ज्योतिरादित्यः सहिष्णुर्गतिसत्तमः ॥६०॥
ādityo jyotirādityaḥ sahiṣṇurgatisattamaḥ .60.

सुधन्वा खण्डपरशुर्दारुणो द्रविणप्रदः ।
sudhanvā khaṇḍaparaśurdāruṇo draviṇapradaḥ ,
दिवस्पृक् सर्वदृग्व्यासो वाचस्पतिरयोनिजः ॥६१॥
divaspṛk sarvadṛgvyāso vācaspatirayonijaḥ .61.

त्रिसामा सामगः साम निर्वाणं भेषजं भिषक् ।
trisāmā sāmagaḥ sāma nirvāṇaṁ bheṣajaṁ bhiṣak ,
संन्यासकृच्छमः शान्तो निष्ठा शान्तिः परायणम् ॥६२॥
saṁnyāsakṛcchamaḥ śānto niṣṭhā śāntiḥ parāyaṇam .62.

शुभाङ्गः शान्तिदः स्रष्टा कुमुदः कुवलेशयः ।
śubhāṅgaḥ śāntidaḥ sraṣṭā kumudaḥ kuvaleśayaḥ ,
गोहितो गोपतिर्गोप्ता वृषभाक्षो वृषप्रियः ॥६३॥
gohito gopatirgoptā vṛṣabhākṣo vṛṣapriyaḥ .63.

अनिवर्ती निवृत्तात्मा सङ्क्षेप्ता क्षेमकृच्छिवः ।
anivartī nivṛttātmā saṅkṣeptā kṣemakṛcchivaḥ ,
श्रीवत्सवक्षाः श्रीवासः श्रीपतिः श्रीमतांवरः ॥ ६४ ॥
śrīvatsavakṣāḥ śrīvāsaḥ śrīpatiḥ śrīmatāṁvaraḥ .64.
श्रीदः श्रीशः श्रीनिवासः श्रीनिधिः श्रीविभावनः ।
śrīdaḥ śrīśaḥ śrīnivāsaḥ śrīnidhiḥ śrīvibhāvanaḥ ,
श्रीधरः श्रीकरः श्रेयः श्रीमाँल्लोकत्रयाश्रयः ॥ ६५ ॥
śrīdharaḥ śrīkaraḥ śreyaḥ śrīmām̐llokatrayāśrayaḥ .65.
स्वक्षः स्वङ्गः शतानन्दो नन्दिर्ज्योतिर्गणेश्वरः ।
svakṣaḥ svaṅgaḥ śatānando nandirjyotirgaṇeśvaraḥ ,
विजितात्माऽविधेयात्मा सत्कीर्तिश्छिन्नसंशयः ॥ ६६ ॥
vijitātmā'vidheyātmā satkīrtiśchinnasaṁśayaḥ .66.
उदीर्णः सर्वतश्चक्षुरनीशः शाश्वतस्थिरः ।
udīrṇaḥ sarvataścakṣuranīśaḥ śāśvatasthiraḥ ,
भूशयो भूषणो भूतिर्विशोकः शोकनाशनः ॥ ६७ ॥
bhūśayo bhūṣaṇo bhūtirviśokaḥ śokanāśanaḥ .67.
अर्चिष्मानर्चितः कुम्भो विशुद्धात्मा विशोधनः ।
arciṣmānarcitaḥ kumbho viśuddhātmā viśodhanaḥ ,
अनिरुद्धोऽप्रतिरथः प्रद्युम्नोऽमितविक्रमः ॥ ६८ ॥
aniruddho'pratirathaḥ pradyumno'mitavikramaḥ .68.
कालनेमिनिहा वीरः शौरिः शूरजनेश्वरः ।
kālaneminihā vīraḥ śauriḥ śūrajaneśvaraḥ ,
त्रिलोकात्मा त्रिलोकेशः केशवः केशिहा हरिः ॥ ६९ ॥
trilokātmā trilokeśaḥ keśavaḥ keśihā hariḥ .69.
कामदेवः कामपालः कामी कान्तः कृतागमः ।
kāmadevaḥ kāmapālaḥ kāmī kāntaḥ kṛtāgamaḥ ,
अनिर्देश्यवपुर्विष्णुर्वीरोऽनन्तो धनञ्जयः ॥ ७० ॥
anirdeśyavapurviṣṇurvīro'nanto dhanañjayaḥ .70.
ब्रह्मण्यो ब्रह्मकृद् ब्रह्मा ब्रह्म ब्रह्मविवर्धनः ।
brahmaṇyo brahmakṛd brahmā brahma brahmavivardhanaḥ ,
ब्रह्मविद् ब्राह्मणो ब्रह्मी ब्रह्मज्ञो ब्राह्मणप्रियः ॥ ७१ ॥
brahmavid brāhmaṇo brahmī brahmajño brāhmaṇapriyaḥ .71.

महाक्रमो महाकर्मा महातेजा महोरगः ।
mahākramo mahākarmā mahātejā mahoragaḥ ,
महाक्रतुर्महायज्वा महायज्ञो महाहविः ॥ ७२ ॥
mahākraturmahāyajvā mahāyajño mahāhaviḥ .72.
स्तव्यः स्तवप्रियः स्तोत्रं स्तुतिः स्तोता रणप्रियः ।
stavyaḥ stavapriyaḥ stotraṁ stutiḥ stotā raṇapriyaḥ ,
पूर्णः पूरयिता पुण्यः पुण्यकीर्तिरनामयः ॥ ७३ ॥
pūrṇaḥ pūrayitā puṇyaḥ puṇyakīrtiranāmayaḥ .73.
मनोजवस्तीर्थकरो वसुरेता वसुप्रदः ।
manojavastīrthakaro vasuretā vasupradaḥ ,
वसुप्रदो वासुदेवो वसुर्वसुमना हविः ॥ ७४ ॥
vasuprado vāsudevo vasurvasumanā haviḥ .74.
सद्गतिः सत्कृतिः सत्ता सद्भूतिः सत्परायणः ।
sadgatiḥ satkṛtiḥ sattā sadbhūtiḥ satparāyaṇaḥ ,
शूरसेनो यदुश्रेष्ठः सन्निवासः सुयामुनः ॥ ७५ ॥
śūraseno yaduśreṣṭhaḥ sannivāsaḥ suyāmunaḥ .75.
भूतावासो वासुदेवः सर्वासुनिलयोऽनलः ।
bhūtāvāso vāsudevaḥ sarvāsunilayo'nalaḥ ,
दर्पहा दर्पदो दृप्तो दुर्धरोऽथापराजितः ॥ ७६ ॥
darpahā darpado dṛpto durdharo'thāparājitaḥ .76.
विश्वमूर्तिर्महामूर्तिर्दीप्तमूर्तिरमूर्तिमान् ।
viśvamūrtirmahāmūrtirdīptamūrtiramūrtimān ,
अनेकमूर्तिरव्यक्तः शतमूर्तिः शताननः ॥ ७७ ॥
anekamūrtiravyaktaḥ śatamūrtiḥ śatānanaḥ .77.
एको नैकः सवः कः किं यत् तत्पदमनुत्तमम् ।
eko naikaḥ savaḥ kaḥ kiṁ yat tatpadamanuttamam ,
लोकबन्धुर्लोकनाथो माधवो भक्तवत्सलः ॥ ७८ ॥
lokabandhurlokanātho mādhavo bhaktavatsalaḥ .78.
सुवर्णवर्णो हेमाङ्गो वराङ्गश्चन्दनाङ्गदी ।
suvarṇavarṇo hemāṅgo varāṅgaścandanāṅgadī ,
वीरहा विषमः शून्यो घृताशीरचलश्चलः ॥ ७९ ॥
vīrahā viṣamaḥ śūnyo ghṛtāśīracalaścalaḥ .79.

अमानी मानदो मान्यो लोकस्वामी त्रिलोकधृक् ।
amānī mānado mānyo lokasvāmī trilokadhṛk ,

सुमेधा मेधजो धन्यः सत्यमेधा धराधरः ॥८०॥
sumedhā medhajo dhanyaḥ satyamedhā dharādharaḥ .80.

तेजोवृषो द्युतिधरः सर्वशस्त्रभृतां वरः ।
tejovṛṣo dyutidharaḥ sarvaśastrabhṛtāṁ varaḥ ,

प्रग्रहो निग्रहो व्यग्रो नैकश‍ृङ्गो गदाग्रजः ॥८१॥
pragraho nigraho vyagro naikaśṛṅgo gadāgrajaḥ .81.

चतुर्मूर्तिश्चतुर्बाहुश्चतुर्व्यूहश्चतुर्गतिः ।
caturmūrtiścaturbāhuścaturvyūhaścaturgatiḥ ,

चतुरात्मा चतुर्भावश्चतुर्वेदविदेकपात् ॥८२॥
caturātmā caturbhāvaścaturvedavidekapāt .82.

समावर्तोऽनिवृत्तात्मा दुर्जयो दुरतिक्रमः ।
samāvarto'nivṛttātmā durjayo duratikramaḥ ,

दुर्लभो दुर्गमो दुर्गो दुरावासो दुरारिहा ॥८३॥
durlabho durgamo durgo durāvāso durārihā .83.

शुभाङ्गो लोकसारङ्गः सुतन्तुस्तन्तुवर्धनः ।
śubhāṅgo lokasāraṅgaḥ sutantustantuvardhanaḥ ,

इन्द्रकर्मा महाकर्मा कृतकर्मा कृतागमः ॥८४॥
indrakarmā mahākarmā kṛtakarmā kṛtāgamaḥ .84.

उद्भवः सुन्दरः सुन्दो रत्ननाभः सुलोचनः ।
udbhavaḥ sundaraḥ sundo ratnanābhaḥ sulocanaḥ ,

अर्को वाजसनः श‍ृङ्गी जयन्तः सर्वविज्जयी ॥८५॥
arko vājasanaḥ śṛṅgī jayantaḥ sarvavijjayī .85.

सुवर्णबिन्दुरक्षोभ्यः सर्ववागीश्वरेश्वरः ।
suvarṇabindurakṣobhyaḥ sarvavāgīśvareśvaraḥ ,

महाह्रदो महागर्तो महाभूतो महानिधिः ॥८६॥
mahāhrado mahāgarto mahābhūto mahānidhiḥ .86.

कुमुदः कुन्दरः कुन्दः पर्जन्यः पावनोऽनिलः ।
kumudaḥ kundaraḥ kundaḥ parjanyaḥ pāvano'nilaḥ ,

अमृताशोऽमृतवपुः सर्वज्ञः सर्वतोमुखः ॥८७॥
amṛtāśo'mṛtavapuḥ sarvajñaḥ sarvatomukhaḥ .87.

सुलभः सुव्रतः सिद्धः शत्रुजिच्छत्रुतापनः ।
sulabhaḥ suvrataḥ siddhaḥ śatrujicchatrutāpanaḥ ,
न्यग्रोधोऽदुम्बरोऽश्वत्थश्चाणूरान्ध्रनिषूदनः ॥८८॥
nyagrodho'dumbaro'śvatthaścāṇūrāndhraniṣūdanaḥ .88.

सहस्रार्चिः सप्तजिह्वः सप्तैधाः सप्तवाहनः ।
sahasrārciḥ saptajihvaḥ saptaidhāḥ saptavāhanaḥ ,
अमूर्तिरनघोऽचिन्त्यो भयकृद्भयनाशनः ॥८९॥
amūrtiranagho'cintyo bhayakṛdbhayanāśanaḥ .89.

अणुर्बृहत्कृशः स्थूलो गुणभृन्निर्गुणो महान् ।
aṇurbṛhatkṛśaḥ sthūlo guṇabhṛnnirguṇo mahān ,
अधृतः स्वधृतः स्वास्यः प्राग्वंशो वंशवर्धनः ॥९०॥
adhṛtaḥ svadhṛtaḥ svāsyaḥ prāgvaṁśo vaṁśavardhanaḥ .90.

भारभृत् कथितो योगी योगीशः सर्वकामदः ।
bhārabhṛt kathito yogī yogīśaḥ sarvakāmadaḥ ,
आश्रमः श्रमणः क्षामः सुपर्णो वायुवाहनः ॥९१॥
āśramaḥ śramaṇaḥ kṣāmaḥ suparṇo vāyuvāhanaḥ .91.

धनुर्धरो धनुर्वेदो दण्डो दमयिता दमः ।
dhanurdharo dhanurvedo daṇḍo damayitā damaḥ ,
अपराजितः सर्वसहो नियन्ताऽनियमोऽयमः ॥९२॥
aparājitaḥ sarvasaho niyantā'niyamo'yamaḥ .92.

सत्त्ववान् सात्त्विकः सत्यः सत्यधर्मपरायणः ।
sattvavān sāttvikaḥ satyaḥ satyadharmaparāyaṇaḥ ,
अभिप्रायः प्रियार्होऽर्हः प्रियकृत् प्रीतिवर्धनः ॥९३॥
abhiprāyaḥ priyārho'rhaḥ priyakṛt prītivardhanaḥ .93.

विहायसगतिर्ज्योतिः सुरुचिर्हुतभुग्विभुः ।
vihāyasagatirjyotiḥ surucirhutabhugvibhuḥ ,
रविर्विरोचनः सूर्यः सविता रविलोचनः ॥९४॥
ravirvirocanaḥ sūryaḥ savitā ravilocanaḥ .94.

अनन्तो हुतभुग्भोक्ता सुखदो नैकजोऽग्रजः ।
ananto hutabhugbhoktā sukhado naikajo'grajaḥ ,
अनिर्विण्णः सदामर्षी लोकाधिष्ठानमद्भुतः ॥९५॥
anirviṇṇaḥ sadāmarṣī lokādhiṣṭhānamadbhutaḥ .95.

सनात्सनातनतमः कपिलः कपिरव्ययः ।
sanātsanātanatamaḥ kapilaḥ kapiravyayaḥ ,
स्वस्तिदः स्वस्तिकृत्स्वस्ति स्वस्तिभुक्स्वस्तिदक्षिणः ॥९६॥
svastidaḥ svastikṛtsvasti svastibhuksvastidakṣiṇaḥ .96.

अरौद्रः कुण्डली चक्री विक्रम्यूर्जितशासनः ।
araudraḥ kuṇḍalī cakrī vikramyūrjitaśāsanaḥ ,
शब्दातिगः शब्दसहः शिशिरः शर्वरीकरः ॥९७॥
śabdātigaḥ śabdasahaḥ śiśiraḥ śarvarīkaraḥ .97.

अक्रूरः पेशलो दक्षो दक्षिणः क्षमिणांवरः ।
akrūraḥ peśalo dakṣo dakṣiṇaḥ kṣamiṇāṁvaraḥ ,
विद्वत्तमो वीतभयः पुण्यश्रवणकीर्तनः ॥९८॥
vidvattamo vītabhayaḥ puṇyaśravaṇakīrtanaḥ .98.

उत्तारणो दुष्कृतिहा पुण्यो दुःस्वप्ननाशनः ।
uttāraṇo duṣkṛtihā puṇyo duḥsvapnanāśanaḥ ,
वीरहा रक्षणः सन्तो जीवनः पर्यवस्थितः ॥९९॥
vīrahā rakṣaṇaḥ santo jīvanaḥ paryavasthitaḥ .99.

अनन्तरूपोऽनन्तश्रीर्जितमन्युर्भयापहः ।
anantarūpo'nantaśrīrjitamanyurbhayāpahaḥ ,
चतुरश्रो गभीरात्मा विदिशो व्यादिशो दिशः ॥१००॥
caturaśro gabhīrātmā vidiśo vyādiśo diśaḥ .100.

अनादिर्भूर्भुवो लक्ष्मीः सुवीरो रुचिराङ्गदः ।
anādirbhūrbhuvo lakṣmīḥ suvīro rucirāṅgadaḥ ,
जननो जनजन्मादिर्भीमो भीमपराक्रमः ॥१०१॥
janano janajanmādirbhīmo bhīmaparākramaḥ .101.

आधारनिलयोऽधाता पुष्पहासः प्रजागरः ।
ādhāranilayo'dhātā puṣpahāsaḥ prajāgaraḥ ,
ऊर्ध्वगः सत्पथाचारः प्राणदः प्रणवः पणः ॥१०२॥
ūrdhvagaḥ satpathācāraḥ prāṇadaḥ praṇavaḥ paṇaḥ .102.

प्रमाणं प्राणनिलयः प्राणभृत्प्राणजीवनः ।
pramāṇaṁ prāṇanilayaḥ prāṇabhṛtprāṇajīvanaḥ ,
तत्त्वं तत्त्वविदेकात्मा जन्ममृत्युजरातिगः ॥१०३॥
tattvaṁ tattvavidekātmā janmamṛtyujarātigaḥ .103.

भूर्भुवःस्वस्तरुस्तारः सविता प्रपितामहः ।
bhūrbhuvaḥsvastarustāraḥ savitā prapitāmahaḥ ,
यज्ञो यज्ञपतिर्यज्वा यज्ञाङ्गो यज्ञवाहनः ॥ १०४ ॥
yajño yajñapatiryajvā yajñāṅgo yajñavāhanaḥ .104.
यज्ञभृद् यज्ञकृद् यज्ञी यज्ञभुग् यज्ञसाधनः ।
yajñabhṛd yajñakṛd yajñī yajñabhug yajñasādhanaḥ ,
यज्ञान्तकृद् यज्ञगुह्यमन्नमन्नाद एव च ॥ १०५ ॥
yajñāntakṛd yajñaguhyamannamannāda eva ca .105.
आत्मयोनिः स्वयञ्जातो वैखानः सामगायनः ।
ātmayoniḥ svayañjāto vaikhānaḥ sāmagāyanaḥ ,
देवकीनन्दनः स्रष्टा क्षितीशः पापनाशनः ॥ १०६ ॥
devakīnandanaḥ sraṣṭā kṣitīśaḥ pāpanāśanaḥ .106.
शङ्खभृन्नन्दकी चक्री शार्ङ्गधन्वा गदाधरः ।
śaṅkhabhṛnnandakī cakrī śārṅgadhanvā gadādharaḥ ,
रथाङ्गपाणिरक्षोभ्यः सर्वप्रहरणायुधः ॥ १०७ ॥
rathāṅgapāṇirakṣobhyaḥ sarvapraharaṇāyudhaḥ .107.

सर्वप्रहरणायुध ॐ नम इति
sarvapraharaṇāyudha om nama iti

वनमाली गदी शार्ङ्गी शङ्खी चक्री च नन्दकी ।
vanamālī gadī śārṅgī śaṅkhī cakrī ca nandakī ,
श्रीमान् नारायणो विष्णुर्वासुदेवोऽभिरक्षतु ॥ १०८ ॥
śrīmān nārāyaṇo viṣṇurvāsudevo'bhirakṣatu .108.

श्री वासुदेवोऽभिरक्षतु ॐ नम इति
śrī vāsudevo'bhirakṣatu om nama iti

~ॐ~

उत्तर भागः

uttaranyāsaḥ

~ॐ~

भीष्म उवाच :

bhīṣma uvāca :

इतीदं कीर्तनीयस्य केशवस्य महात्मनः ।

itīdaṁ kīrtanīyasya keśavasya mahātmanaḥ ,

नाम्नां सहस्रं दिव्यानामशेषेण प्रकीर्तितम् ॥ १ ॥

nāmnāṁ sahasraṁ divyānāmaśeṣeṇa prakīrtitam .1.

य इदं शृणुयान्नित्यं यश्चापि परिकीर्तयेत् ।

ya idaṁ śṛṇuyānnityaṁ yaścāpi parikīrtayet ,

नाशुभं प्राप्नुयात्किञ्चित्सोऽमुत्रेह च मानवः ॥ २ ॥

nāśubhaṁ prāpnuyātkiñcitso'mutreha ca mānavaḥ .2.

वेदान्तगो ब्राह्मणः स्यात्क्षत्रियो विजयी भवेत् ।

vedāntago brāhmaṇaḥ syātkṣatriyo vijayī bhavet ,

वैश्यो धनसमृद्धः स्याच्छूद्रः सुखमवाप्नुयात् ॥ ३ ॥

vaiśyo dhanasamṛddhaḥ syācchūdraḥ sukhamavāpnuyāt .3.

धर्मार्थी प्राप्नुयाद्धर्ममर्थार्थी चार्थमाप्नुयात् ।

dharmārthī prāpnuyāddharmamarthārthī cārthamāpnuyāt ,

कामानवाप्नुयात्कामी प्रजार्थी प्राप्नुयात्प्रजाम् ॥ ४ ॥

kāmānavāpnuyātkāmī prajārthī prāpnuyātprajām .4.

भक्तिमान् यः सदोत्थाय शुचिस्तद्गतमानसः ।

bhaktimān yaḥ sadotthāya śucistadgatamānasaḥ ,

सहस्रं वासुदेवस्य नाम्नामेतत्प्रकीर्तयेत् ॥ ५ ॥

sahasraṁ vāsudevasya nāmnāmetatprakīrtayet .5.

यशः प्राप्नोति विपुलं ज्ञातिप्राधान्यमेव च ।

yaśaḥ prāpnoti vipulaṁ jñātiprādhānyameva ca ,

अचलां श्रियमाप्नोति श्रेयः प्राप्नोत्यनुत्तमम् ॥ ६ ॥

acalāṁ śriyamāpnoti śreyaḥ prāpnotyanuttamam .6.

न भयं क्वचिदाप्नोति वीर्यं तेजश्च विन्दति ।

na bhayaṁ kvacidāpnoti vīryaṁ tejaśca vindati ,

भवत्यरोगो द्युतिमान्बलरूपगुणान्वितः ॥ ७ ॥

bhavatyarogo dyutimānbalarūpaguṇānvitaḥ .7.

रोगार्तो मुच्यते रोगाद्बद्धो मुच्येत बन्धनात् ।
rogārto mucyate rogādbaddho mucyeta bandhanāt ,
भयान्मुच्येत भीतस्तु मुच्येतापन्न आपदः ॥८॥
bhayānmucyeta bhītastu mucyetāpanna āpadaḥ .8.
दुर्गाण्यतितरत्याशु पुरुषः पुरुषोत्तमम् ।
durgāṇyatitaratyāśu puruṣaḥ puruṣottamam ,
स्तुवन्नामसहस्रेण नित्यं भक्तिसमन्वितः ॥९॥
stuvannāmasahasreṇa nityaṁ bhaktisamanvitaḥ .9.
वासुदेवाश्रयो मर्त्यो वासुदेवपरायणः ।
vāsudevāśrayo martyo vāsudevaparāyaṇaḥ ,
सर्वपापविशुद्धात्मा याति ब्रह्म सनातनम् ॥१०॥
sarvapāpaviśuddhātmā yāti brahma sanātanam .10.
न वासुदेवभक्तानामशुभं विद्यते क्वचित् ।
na vāsudevabhaktānāmaśubhaṁ vidyate kvacit ,
जन्ममृत्युजराव्याधिभयं नैवोपजायते ॥११॥
janmamṛtyujarāvyādhibhayaṁ naivopajāyate .11.
इमं स्तवमधीयानः श्रद्धाभक्तिसमन्वितः ।
imaṁ stavamadhīyānaḥ śraddhābhaktisamanvitaḥ ,
युज्येतात्मसुखक्षान्तिश्रीधृतिस्मृतिकीर्तिभिः ॥१२॥
yujyetātmasukhakṣāntiśrīdhṛtismṛtikīrtibhiḥ .12.
न क्रोधो न च मात्सर्यं न लोभो नाशुभा मतिः ।
na krodho na ca mātsaryaṁ na lobho nāśubhā matiḥ ,
भवन्ति कृत पुण्यानां भक्तानां पुरुषोत्तमे ॥१३॥
bhavanti kṛta puṇyānāṁ bhaktānāṁ puruṣottame .13.
द्यौः सचन्द्रार्कनक्षत्रा खं दिशो भूर्महोदधिः ।
.dyauḥ sacandrārkanakṣatrā khaṁ diśo bhūrmahodadhiḥ ,
वासुदेवस्य वीर्येण विधृतानि महात्मनः ॥१४॥
vāsudevasya vīryeṇa vidhṛtāni mahātmanaḥ .14.
ससुरासुरगन्धर्वं सयक्षोरगराक्षसम् ।
sasurāsuragandharvaṁ sayakṣoragarākṣasam ,
जगद्वशे वर्ततेदं कृष्णस्य सचराचरम् ॥१५॥
jagadvaśe vartatedaṁ kṛṣṇasya sacarācaram .15.

इन्द्रियाणि मनो बुद्धिः सत्त्वं तेजो बलं धृतिः ।
indriyāṇi mano buddhiḥ sattvaṁ tejo balaṁ dhṛtiḥ ,
वासुदेवात्मकान्याहुः क्षेत्रं क्षेत्रज्ञ एव च ॥१६॥
vāsudevātmakānyāhuḥ kṣetraṁ kṣetrajña eva ca .16.

सर्वागमानामाचारः प्रथमं परिकल्पते ।
sarvāgamānāmācāraḥ prathamaṁ parikalpyate ,
आचारप्रभवो धर्मो धर्मस्य प्रभुरच्युतः ॥१७॥
ācāraprabhavo dharmo dharmasya prabhuracyutaḥ .17.

ऋषयः पितरो देवा महाभूतानि धातवः ।
ṛṣayaḥ pitaro devā mahābhūtāni dhātavaḥ ,
जङ्गमाजङ्गमं चेदं जगन्नारायणोद्भवम् ॥१८॥
jaṅgamājaṅgamaṁ cedaṁ jagannārāyaṇodbhavam .18.

योगो ज्ञानं तथा साङ्ख्यं विद्याः शिल्पादि कर्म च ।
yogo jñānaṁ tathā sāṅkhyaṁ vidyāḥ śilpādi karma ca ,
वेदाः शास्त्राणि विज्ञानमेतत्सर्वं जनार्दनात् ॥१९॥
vedāḥ śāstrāṇi vijñānametatsarvaṁ janārdanāt .19.

एको विष्णुर्महद्भूतं पृथग्भूतान्यनेकशः ।
eko viṣṇurmahadbhūtaṁ pṛthagbhūtānyanekaśaḥ ,
त्रींल्लोकान्व्याप्य भूतात्मा भुङ्क्ते विश्वभुगव्ययः ॥२०॥
trīṁllokānvyāpya bhūtātmā bhuṅkte viśvabhugavyayaḥ .20.

इमं स्तवं भगवतो विष्णोर्व्यासेन कीर्तितम् ।
imaṁ stavaṁ bhagavato viṣṇorvyāsena kīrtitam ,
पठेद्य इच्छेत्पुरुषः श्रेयः प्राप्तुं सुखानि च ॥२१॥
paṭhedya icchetpuruṣaḥ śreyaḥ prāptuṁ sukhāni ca .21.

विश्वेश्वरमजं देवं जगतः प्रभुमव्ययम् ।
viśveśvaramajaṁ devaṁ jagataḥ prabhumavyayam ,
भजन्ति ये पुष्कराक्षं न ते यान्ति पराभवम् ॥२२॥
bhajanti ye puṣkarākṣaṁ na te yānti parābhavam .22.

न ते यान्ति पराभवम् ॐ नम इति
na te yānti parābhavam om nama iti

~ॐ~

अर्जुन उवाच :

arjuna uvāca :

पद्मपत्रविशालाक्ष पद्मनाभ सुरोत्तम ।

padmapatraviśālākṣa padmanābha surottama ,

भक्तानामनुरक्तानां त्राता भव जनार्दन ॥२३॥

bhaktānāmanuraktānāṁ trātā bhava janārdana .23.

~ॐ~

श्रीभगवानुवाच :

śrībhagavānuvāca :

यो मां नामसहस्रेण स्तोतुमिच्छति पाण्डव ।

yo māṁ nāmasahasreṇa stotumicchati pāṇḍava ,

सोहऽमेकेन श्लोकेन स्तुत एव न संशयः ॥२४॥

soha'mekena ślokena stuta eva na saṁśayaḥ .24.

स्तुत एव न संशय ॐ नम इति

stuta eva na saṁśaya om nama iti

~ॐ~

व्यास उवाच :

vyāsa uvāca :

वासनाद्वासुदेवस्य वासितं भुवनत्रयम् ।

vāsanādvāsudevasya vāsitaṁ bhuvanatrayam ,

सर्वभूतनिवासोऽसि वासुदेव नमोऽस्तु ते ॥२५॥

sarvabhūtanivāso'si vāsudeva namo'stu te .25.

श्री वासुदेव नमोऽस्तुत ॐ नम इति

śrī vāsudeva namo'stuta om nama iti

~ॐ~

पार्वत्युवाच :

pārvatyuvāca :

केनोपायेन लघुना विष्णोर्नामसहस्रकम् ।

kenopāyena laghunā viṣṇornāmasahasrakam ,

पठ्यते पण्डितैर्नित्यं श्रोतुमिच्छाम्यहं प्रभो ॥२६॥

paṭhyate paṇḍitairnityaṁ śrotumicchāmyahaṁ prabho .26.

~::ॐ::~

ईश्वर उवाच :

īśvara uvāca :

श्रीराम राम रामेति रमे रामे मनोरमे ।

śrīrāma rāma rāmeti rame rāme manorame ,

सहस्रनाम तत्तुल्यं राम नाम वरानने ॥२७॥

sahasranāma tattulyaṁ rāma nāma varānane .27.

श्रीरामनाम वरानन ॐ नम इति

śrīrāmanāma varānana om nama iti

~ॐ~

ब्रह्मोवाच :
brahmovāca :

नमोऽस्त्वनन्ताय सहस्रमूर्तये सहस्रपादाक्षिशिरोरुबाहवे ।
namo'stvanantāya sahasramūrtaye sahasrapādākṣiśirorubāhave ,
सहस्रनाम्ने पुरुषाय शाश्वते सहस्रकोटियुगधारिणे नमः ॥२८॥
sahasranāmne puruṣāya śāśvate sahasrakoṭiyugadhāriṇe namaḥ .28.

सहस्रकोटियुगधारिणे ॐ नम इति
sahasrakoṭiyugadhāriṇe om nama iti

~ॐ~

ॐ तत्सदिति श्रीमहाभारते शतसाहस्र्यां संहितायां वैयासिक्यामानुशासनिके
om tatsaditi śrīmahābhārate śatasāhasryāṁ saṁhitāyāṁ vaiyāsikyāmānuśāsanike
पर्वणि भीष्मयुधिष्ठिरसंवादे श्रीविष्णोर्दिव्यसहस्रनामस्तोत्रम्॥
parvaṇi bhīṣmayudhiṣṭhirasaṁvāde śrīviṣṇordivyasahasranāmastotram .

~ॐ~

सञ्जय उवाच :
sañjaya uvāca :

यत्र योगेश्वरः कृष्णो यत्र पार्थो धनुर्धरः ।
yatra yogeśvaraḥ kṛṣṇo yatra pārtho dhanurdharaḥ ,
तत्र श्रीर्विजयो भूतिर्ध्रुवा नीतिर्मतिर्मम ॥२९॥
tatra śrīrvijayo bhūtirdhruvā nītirmatirmama .29.

~ॐ~

श्रीभगवानुवाच :
śrībhagavānuvāca :

अनन्याश्चिन्तयन्तो मां ये जनाः पर्युपासते ।
ananyāścintayanto māṁ ye janāḥ paryupāsate ,
तेषां नित्याभियुक्तानां योगक्षेमं वहाम्यहम् ॥३०॥
teṣāṁ nityābhiyuktānāṁ yogakṣemaṁ vahāmyaham .30.

परित्राणाय साधूनां विनाशाय च दुष्कृताम् ।
paritrāṇāya sādhūnāṁ vināśāya ca duṣkṛtām ,
धर्मसंस्थापनार्थाय सम्भवामि युगे युगे ॥३१॥
dharmasaṁsthāpanārthāya sambhavāmi yuge yuge .31.

~ॐ~ ॐ~ ॐ~

आर्ताः विषण्णाः शिथिलाश्च भीताः घोरेषु च व्याधिषु वर्तमानाः ।
ārtāḥ viṣaṇṇāḥ śithilāśca bhītāḥ ghoreṣu ca vyādhiṣu vartamānāḥ ,
सङ्कीर्त्य नारायणशब्दमात्रं विमुक्तदुःखाः सुखिनो भवन्ति ॥३२॥
saṅkīrtya nārāyaṇaśabdamātraṁ vimuktaduḥkhāḥ sukhino bhavanti .32.

~ॐ~ॐ~ॐ~

कायेन वाचा मनसेन्द्रियैर्वा बुद्ध्यात्मना वा प्रकृतेः स्वभावात् ।

kāyena vācā manasendriyairvā
buddhyātmanā vā prakṛteḥ svabhāvat ,

करोमि यद्यत् सकलं परस्मै नारायणायेति समर्पयामि ॥३३॥

karomi yadyat sakalaṁ parasmai nārāyaṇāyeti samarpayāmi .33.

ॐ

~ॐ~ॐ~ॐ~ॐ~ॐ~ॐ~ॐ~

इति श्रीविष्णोर्दिव्यसहस्रनामस्तोत्रं सम्पूर्णम्

iti śrīviṣṇordivyasahasranāmastotraṁ sampūrṇam

ॐ

ॐ ॐ

— ॐ — स्तुतिः — ॐ — stutiḥ — ॐ —

ॐ ॐ

— ॐ —

पार्थाय प्रतिबोधितां भगवता नारायणेन स्वयम्

pārthāya pratibodhitāṁ bhagavatā
nārāyaṇena svayam

व्यासेनग्रथितां पुराणमुनिना मध्ये महाभारते ।

vyāsenagrathitāṁ purāṇamuninā
madhye mahābhārate ,

अद्वैतामृतवर्षिणीं भगवतीमष्टादशाध्यायिनीम्

advaitāmṛtavarṣiṇīṁ bhagavatīmaṣṭādaśādhyāyinīm

अम्ब त्वामनुसन्दधामि भगवद्गीते भवेद्वेषिणीम् ॥

amba tvāmanusandadhāmi bhagavadgīte bhavedveṣiṇīm .

— ॐ —

नमोऽस्तु ते व्यास विशालबुद्धे फुल्लारविन्दायतपत्रनेत्र ।

namo'stu te vyāsa viśālabuddhe phullāravindāyatapatranetra ,

येन त्वया भारततैलपूर्णः प्रज्वालितो ज्ञानमयः प्रदीपः ॥

yena tvayā bhāratatailapūrṇaḥ prajvālito jñānamayaḥ pradīpaḥ .

— ॐ —

प्रपन्नपारिजाताय तोत्रवेत्रैकपाणये ।

prapannapārijātāya totravetraikapāṇaye ,

ज्ञानमुद्राय कृष्णाय गीतामृतदुहे नमः ॥

jñānamudrāya kṛṣṇāya gītāmṛtaduhe namaḥ .

— ॐ —

सर्वोपनिषदो गावो दोग्धा गोपालनन्दनः ।

sarvopaniṣado gāvo dogdhā gopālanandanaḥ,

पार्थो वत्सः सुधीर्भोक्ता दुग्धं गीतामृतं महत् ॥

pārtho vatsaḥ sudhīrbhoktā
dugdhaṁ gītāmṛtaṁ mahat .

— ॐ —

वसुदेवसुतं देवं कंसचाणूरमर्दनम् ।
vasudevasutaṁ devaṁ kaṁsacāṇūramardanam ,
देवकीपरमानन्दं कृष्णं वन्दे जगद्गुरुम् ॥
devakīparamānandaṁ kṛṣṇaṁ vande jagadgurum .

— ॐ —

भीष्मद्रोणतटा जयद्रथजला गान्धारनीलोत्पला
bhīṣmadroṇataṭā jayadrathajalā gāndhāranīlotpalā
शल्यग्राहवती कृपेण वहनी कर्णेन वेलाकुला ।
śalyagrāhavatī kṛpeṇa vahanī karṇena velākulā ,
अश्वत्थामविकर्णघोरमकरा दुर्योधनावर्तिनी
aśvatthāmavikarṇaghoramakarā duryodhanāvartinī
सोत्तीर्णा खलु पाण्डवैरणनदी कैवर्तकः केशवः ॥
sottīrṇā khalu pāṇḍavairaṇanadī kaivartakaḥ keśavaḥ .

— ॐ —

पाराशर्यवचः सरोजममलं गीतार्थगन्धोत्कटं
pārāśaryavacaḥ sarojamamalaṁ gītārthagandhotkaṭaṁ
नानाख्यानककेसरं हरिकथासम्बोधनाबोधितम्।
nānākhyānakakesaraṁ harikathāsambodhanābodhitam ।
लोके सज्जनषट्पदैरहरहः पेपीयमानं मुदा
loke sajjanaṣaṭpadairaharahaḥ pepīyamānaṁ mudā
भूयाद्भारतपङ्कजं कलिमलप्रध्वंसिनः श्रेयसे ॥
bhūyādbhāratapaṅkajaṁ kalimalapradhvaṁsinaḥ śreyase .

ॐ

श्रीमद्भगवद्गीता

śrīmadbhagavadgītā

प्रथमोऽध्यायः - अर्जुनविषादयोगः

prathamo'dhyāyaḥ - arjunaviṣādayogaḥ

धृतराष्ट्र उवाच --
dhṛtarāṣṭra uvāca --

धर्मक्षेत्रे कुरुक्षेत्रे समवेता युयुत्सवः ।
dharmakṣetre kurukṣetre samavetā yuyutsavaḥ
मामकाः पाण्डवाश्चैव किमकुर्वत सञ्जय ॥१-१॥
māmakāḥ pāṇḍavāścaiva kimakurvata sañjaya (1-1)

सञ्जय उवाच --
sañjaya uvāca --

दृष्ट्वा तु पाण्डवानीकं व्यूढं दुर्योधनस्तदा ।
dṛṣṭvā tu pāṇḍavānīkaṁ vyūḍhaṁ duryodhanastadā
आचार्यमुपसङ्गम्य राजा वचनमब्रवीत् ॥१-२॥
ācāryamupasaṅgamya rājā vacanamabravīt (1-2)

पश्यैतां पाण्डुपुत्राणामाचार्य महतीं चमूम् ।
paśyaitāṁ pāṇḍuputrāṇāmācārya mahatīṁ camūm
व्यूढां द्रुपदपुत्रेण तव शिष्येण धीमता ॥१-३॥
vyūḍhāṁ drupadaputreṇa tava śiṣyeṇa dhīmatā (1-3)

अत्र शूरा महेष्वासा भीमार्जुनसमा युधि ।
atra śūrā maheṣvāsā bhīmārjunasamā yudhi
युयुधानो विराटश्च द्रुपदश्च महारथः ॥१-४॥
yuyudhāno virāṭaśca drupadaśca mahārathaḥ (1-4)

धृष्टकेतुश्चेकितानः काशिराजश्च वीर्यवान् ।
dhṛṣṭaketuścekitānaḥ kāśirājaśca vīryavān
पुरुजित्कुन्तिभोजश्च शैब्यश्च नरपुङ्गवः ॥१-५॥
purujitkuntibhojaśca śaibyaśca narapuṅgavaḥ (1-5)

युधामन्युश्च विक्रान्त उत्तमौजाश्च वीर्यवान् ।
yudhāmanyuśca vikrānta uttamaujāśca vīryavān
सौभद्रो द्रौपदेयाश्च सर्व एव महारथाः ॥१-६॥
saubhadro draupadeyāśca sarva eva mahārathāḥ (1-6)

अस्माकं तु विशिष्टा ये तान्निबोध द्विजोत्तम ।
asmākaṁ tu viśiṣṭā ye tānnibodha dvijottama
नायका मम सैन्यस्य संज्ञार्थं तान्ब्रवीमि ते ॥१-७॥
nāyakā mama sainyasya saṁjñārthaṁ tānbravīmi te (1-7)

भवान्भीष्मश्च कर्णश्च कृपश्च समितिञ्जयः ।
bhavānbhīṣmaśca karṇaśca kṛpaśca samitiñjayaḥ
अश्वत्थामा विकर्णश्च सौमदत्तिस्तथैव च ॥१-८॥
aśvatthāmā vikarṇaśca saumadattistathaiva ca (1-8)

अन्ये च बहवः शूरा मदर्थे त्यक्तजीविताः ।
anye ca bahavaḥ śūrā madarthe tyaktajīvitāḥ
नानाशस्त्रप्रहरणाः सर्वे युद्धविशारदाः ॥१-९॥
nānāśastrapraharaṇāḥ sarve yuddhaviśāradāḥ (1-9)

अपर्याप्तं तदस्माकं बलं भीष्माभिरक्षितम् ।
aparyāptaṁ tadasmākaṁ balaṁ bhīṣmābhirakṣitam
पर्याप्तं त्विदमेतेषां बलं भीमाभिरक्षितम् ॥१-१०॥
paryāptaṁ tvidameteṣāṁ balaṁ bhīmābhirakṣitam (1-10)

अयनेषु च सर्वेषु यथाभागमवस्थिताः ।
ayaneṣu ca sarveṣu yathābhāgamavasthitāḥ
भीष्ममेवाभिरक्षन्तु भवन्तः सर्व एव हि ॥१-११॥
bhīṣmamevābhirakṣantu bhavantaḥ sarva eva hi (1-11)

तस्य सञ्जनयन्हर्षं कुरुवृद्धः पितामहः ।
tasya sañjanayanharṣaṁ kuruvṛddhaḥ pitāmahaḥ
सिंहनादं विनद्योच्चैः शङ्खं दध्मौ प्रतापवान् ॥१-१२॥
siṁhanādaṁ vinadyoccaiḥ śaṅkhaṁ dadhmau pratāpavān (1-12)

ततः शङ्खाश्च भेर्यश्च पणवानकगोमुखाः ।
tataḥ śaṅkhāśca bheryaśca paṇavānakagomukhāḥ
सहसैवाभ्यहन्यन्त स शब्दस्तुमुलोऽभवत् ॥१-१३॥
sahasaivābhyahanyanta sa śabdastumulo'bhavat (1-13)

ततः श्वेतैर्हयैर्युक्ते महति स्यन्दने स्थितौ ।
tataḥ śvetairhayairyukte mahati syandane sthitau
माधवः पाण्डवश्चैव दिव्यौ शङ्खौ प्रदध्मतुः ॥१-१४॥
mādhavaḥ pāṇḍavaścaiva divyau śaṅkhau pradadhmatuḥ (1-14)

पाञ्चजन्यं हृषीकेशो देवदत्तं धनञ्जयः ।
pāñcajanyaṁ hṛṣīkeśo devadattaṁ dhanañjayaḥ
पौण्ड्रं दध्मौ महाशङ्खं भीमकर्मा वृकोदरः ॥१-१५॥
pauṇḍraṁ dadhmau mahāśaṅkhaṁ bhīmakarmā vṛkodaraḥ (1-15)

अनन्तविजयं राजा कुन्तीपुत्रो युधिष्ठिरः ।
anantavijayaṁ rājā kuntīputro yudhiṣṭhiraḥ
नकुलः सहदेवश्च सुघोषमणिपुष्पकौ ॥१-१६॥
nakulaḥ sahadevaśca sughoṣamaṇipuṣpakau (1-16)

काश्यश्च परमेष्वासः शिखण्डी च महारथः ।
kāśyaśca parameṣvāsaḥ śikhaṇḍī ca mahārathaḥ
धृष्टद्युम्नो विराटश्च सात्यकिश्चापराजितः ॥१-१७॥
dhṛṣṭadyumno virāṭaśca sātyakiścāparājitaḥ (1-17)
द्रुपदो द्रौपदेयाश्च सर्वशः पृथिवीपते ।
drupado draupadeyāśca sarvaśaḥ pṛthivīpate
सौभद्रश्च महाबाहुः शङ्खान्दध्मुः पृथक्पृथक् ॥१-१८॥
saubhadraśca mahābāhuḥ śaṅkhāndadhmuḥ pṛthakpṛthak (1-18)

स घोषो धार्तराष्ट्राणां हृदयानि व्यदारयत् ।
sa ghoṣo dhārtarāṣṭrāṇāṁ hṛdayāni vyadārayat
नभश्च पृथिवीं चैव तुमुलोऽभ्यनुनादयन् ॥१-१९॥
nabhaśca pṛthivīṁ caiva tumulo'bhyanunādayan (1-19)

अथ व्यवस्थितान्दृष्ट्वा धार्तराष्ट्रान् कपिध्वजः ।
atha vyavasthitāndṛṣṭvā dhārtarāṣṭrān kapidhvajaḥ
प्रवृत्ते शस्त्रसम्पाते धनुरुद्यम्य पाण्डवः ॥१-२०॥
pravṛtte śastrasampāte dhanurudyamya pāṇḍavaḥ (1-20)
हृषीकेशं तदा वाक्यमिदमाह महीपते ।
hṛṣīkeśaṁ tadā vākyamidamāha mahīpate

अर्जुन उवाच --
arjuna uvāca --

सेनयोरुभयोर्मध्ये रथं स्थापय मेऽच्युत ॥१-२१॥
senayorubhayormadhye rathaṁ sthāpaya me'cyuta (1-21)
यावदेतान्निरीक्षेऽहं योद्धुकामानवस्थितान् ।
yāvadetānnirīkṣe'haṁ yoddhukāmānavasthitān
कैर्मया सह योद्धव्यमस्मिन् रणसमुद्यमे ॥१-२२॥
kairmayā saha yoddhavyamasmin raṇasamudyame (1-22)

योत्स्यमानानवेक्षेऽहं य एतेऽत्र समागताः ।
yotsyamānānavekṣe'haṁ ya ete'tra samāgatāḥ
धार्तराष्ट्रस्य दुर्बुद्धेर्युद्धे प्रियचिकीर्षवः ॥१-२३॥
dhārtarāṣṭrasya durbuddheryuddhe priyacikīrṣavaḥ (1-23)

सञ्जय उवाच --
sañjaya uvāca --

एवमुक्तो हृषीकेशो गुडाकेशेन भारत ।
evamukto hṛṣīkeśo guḍākeśena bhārata
सेनयोरुभयोर्मध्ये स्थापयित्वा रथोत्तमम् ॥१-२४॥
senayorubhayormadhye sthāpayitvā rathottamam (1-24)
भीष्मद्रोणप्रमुखतः सर्वेषां च महीक्षिताम् ।
bhīṣmadroṇapramukhataḥ sarveṣāṁ ca mahīkṣitām
उवाच पार्थ पश्यैतान्समवेतान्कुरूनिति ॥१-२५॥
uvāca pārtha paśyaitānsamavetānkurūniti (1-25)

तत्रापश्यत्स्थितान्पार्थः पितॄनथ पितामहान् ।
tatrāpaśyatsthitānpārthaḥ pitṝnatha pitāmahān
आचार्यान्मातुलान्भ्रातॄन्पुत्रान्पौत्रान्सखींस्तथा ॥१-२६॥
ācāryānmātulānbhrātṝnputrānpautrānsakhīṁstathā (1-26)
श्वशुरान्सुहृदश्चैव सेनयोरुभयोरपि ।
śvaśurānsuhṛdaścaiva senayorubhayorapi
तान्समीक्ष्य स कौन्तेयः सर्वान्बन्धूनवस्थितान् ॥१-२७॥
tānsamīkṣya sa kaunteyaḥ sarvānbandhūnavasthitān (1-27)
कृपया परयाविष्टो विषीदन्निदमब्रवीत् ।
kṛpayā parayāviṣṭo viṣīdannidamabravīt

अर्जुन उवाच --
arjuna uvāca --

दृष्ट्वेमं स्वजनं कृष्ण युयुत्सुं समुपस्थितम् ॥१-२८॥
dṛṣṭvemaṁ svajanaṁ kṛṣṇa yuyutsuṁ samupasthitam (1-28)

सीदन्ति मम गात्राणि मुखं च परिशुष्यति ।
sīdanti mama gātrāṇi mukhaṁ ca pariśuṣyati

वेपथुश्च शरीरे मे रोमहर्षश्च जायते ॥१-२९॥
vepathuśca śarīre me romaharṣaśca jāyate (1-29)

गाण्डीवं स्रंसते हस्तात्त्वक्चैव परिदह्यते ।
gāṇḍīvaṁ sraṁsate hastāttvakcaiva paridahyate

न च शक्नोम्यवस्थातुं भ्रमतीव च मे मनः ॥१-३०॥
na ca śaknomyavasthātuṁ bhramatīva ca me manaḥ (1-30)

निमित्तानि च पश्यामि विपरीतानि केशव ।
nimittāni ca paśyāmi viparītāni keśava

न च श्रेयोऽनुपश्यामि हत्वा स्वजनमाहवे ॥१-३१॥
na ca śreyo'nupaśyāmi hatvā svajanamāhave (1-31)

न काङ्क्षे विजयं कृष्ण न च राज्यं सुखानि च ।
na kāṅkṣe vijayaṁ kṛṣṇa na ca rājyaṁ sukhāni ca

किं नो राज्येन गोविन्द किं भोगैर्जीवितेन वा ॥१-३२॥
kiṁ no rājyena govinda kiṁ bhogairjīvitena vā (1-32)

येषामर्थे काङ्क्षितं नो राज्यं भोगाः सुखानि च ।
yeṣāmarthe kāṅkṣitaṁ no rājyaṁ bhogāḥ sukhāni ca

त इमेऽवस्थिता युद्धे प्राणांस्त्यक्त्वा धनानि च ॥१-३३॥
ta ime'vasthitā yuddhe prāṇāṁstyaktvā dhanāni ca (1-33)

आचार्याः पितरः पुत्रास्तथैव च पितामहाः ।
ācāryāḥ pitaraḥ putrāstathaiva ca pitāmahāḥ

मातुलाः श्वशुराः पौत्राः श्यालाः सम्बन्धिनस्तथा ॥१-३४॥
mātulāḥ śvaśurāḥ pautrāḥ śyālāḥ sambandhinastathā (1-34)

एतान्न हन्तुमिच्छामि घ्नतोऽपि मधुसूदन ।
etānna hantumicchāmi ghnato'pi madhusūdana

अपि त्रैलोक्यराज्यस्य हेतोः किं नु महीकृते ॥१-३५॥
api trailokyarājyasya hetoḥ kiṁ nu mahīkṛte (1-35)

निहत्य धार्तराष्ट्रान्नः का प्रीतिः स्याज्जनार्दन ।
nihatya dhārtarāṣṭrānnaḥ kā prītiḥ syājjanārdana

पापमेवाश्रयेदस्मान्हत्वैतानाततायिनः ॥१-३६॥
pāpamevāśrayedasmānhatvaitānātatāyinaḥ (1-36)

तस्मान्नार्हा वयं हन्तुं धार्तराष्ट्रान्स्वबान्धवान् ।
tasmānnārhā vayaṁ hantuṁ dhārtarāṣṭrānsvabāndhavān

स्वजनं हि कथं हत्वा सुखिनः स्याम माधव ॥१-३७॥
svajanaṁ hi kathaṁ hatvā sukhinaḥ syāma mādhava (1-37)

यद्यप्येते न पश्यन्ति लोभोपहतचेतसः ।
yadyapyete na paśyanti lobhopahatacetasaḥ

कुलक्षयकृतं दोषं मित्रद्रोहे च पातकम् ॥१-३८॥
kulakṣayakṛtaṁ doṣaṁ mitradrohe ca pātakam (1-38)

कथं न ज्ञेयमस्माभिः पापादस्मान्निवर्तितुम् ।
kathaṁ na jñeyamasmābhiḥ pāpādasmānnivartitum

कुलक्षयकृतं दोषं प्रपश्यद्भिर्जनार्दन ॥१-३९॥
kulakṣayakṛtaṁ doṣaṁ prapaśyadbhirjanārdana (1-39)

कुलक्षये प्रणश्यन्ति कुलधर्माः सनातनाः ।
kulakṣaye praṇaśyanti kuladharmāḥ sanātanāḥ

धर्मे नष्टे कुलं कृत्स्नमधर्मोऽभिभवत्युत ॥१-४०॥
dharme naṣṭe kulaṁ kṛtsnamadharmo'bhibhavatyuta (1-40)

अधर्माभिभवात्कृष्ण प्रदुष्यन्ति कुलस्त्रियः ।
adharmābhibhavātkṛṣṇa praduṣyanti kulastriyaḥ

स्त्रीषु दुष्टासु वार्ष्णेय जायते वर्णसङ्करः ॥१-४१॥
strīṣu duṣṭāsu vārṣṇeya jāyate varṇasaṅkaraḥ (1-41)

सङ्करो नरकायैव कुलघ्नानां कुलस्य च ।
saṅkaro narakāyaiva kulaghnānāṁ kulasya ca

पतन्ति पितरो ह्येषां लुप्तपिण्डोदकक्रियाः ॥१-४२॥
patanti pitaro hyeṣāṁ luptapiṇḍodakakriyāḥ (1-42)

दोषैरेतैः कुलघ्नानां वर्णसङ्करकारकैः ।
doṣairetaiḥ kulaghnānāṁ varṇasaṅkarakārakaiḥ
उत्साद्यन्ते जातिधर्माः कुलधर्माश्च शाश्वताः ॥१-४३॥
utsādyante jātidharmāḥ kuladharmāśca śāśvatāḥ (1-43)

उत्सन्नकुलधर्माणां मनुष्याणां जनार्दन ।
utsannakuladharmāṇāṁ manuṣyāṇāṁ janārdana
नरके नियतं वासो भवतीत्यनुशुश्रुम ॥१-४४॥
narake niyataṁ vāso bhavatītyanuśuśruma (1-44)

अहो बत महत्पापं कर्तुं व्यवसिता वयम् ।
aho bata mahatpāpaṁ kartuṁ vyavasitā vayam
यद्राज्यसुखलोभेन हन्तुं स्वजनमुद्यताः ॥१-४५॥
yadrājyasukhalobhena hantuṁ svajanamudyatāḥ (1-45)

यदि मामप्रतीकारमशस्त्रं शस्त्रपाणयः ।
yadi māmapratīkāramaśastraṁ śastrapāṇayaḥ
धार्तराष्ट्रा रणे हन्युस्तन्मे क्षेमतरं भवेत् ॥१-४६॥
dhārtarāṣṭrā raṇe hanyustanme kṣemataraṁ bhavet (1-46)

सञ्जय उवाच --
sañjaya uvāca --

एवमुक्त्वार्जुनः सङ्ख्ये रथोपस्थ उपाविशत् ।
evamuktvārjunaḥ saṅkhye rathopastha upāviśat
विसृज्य सशरं चापं शोकसंविग्नमानसः ॥१-४७॥
visṛjya saśaraṁ cāpaṁ śokasaṁvignamānasaḥ (1-47)

ॐ तत्सदिति श्रीमद्भगवद्गीतासूपनिषत्सु
om tatsaditi śrīmadbhagavadgītāsūpaniṣatsu
ब्रह्मविद्यायां योगशास्त्रे श्रीकृष्णार्जुनसंवादे
brahmavidyāyāṁ yogaśāstre śrīkṛṣṇārjunasaṁvāde
अर्जुनविषादयोगो नाम प्रथमोऽध्यायः ॥
arjunaviṣādayogo nāma prathamo'dhyāyaḥ .

~ॐ~ॐ~ॐ~ॐ~ॐ~ॐ~ ॐ~ ॐ~ ॐ~

द्वितीयोऽध्यायः - साङ्ख्ययोगः

dvitīyo'dhyāyaḥ - sāṅkhyayogaḥ

सञ्जय उवाच --
sañjaya uvāca --

तं तथा कृपयाविष्टमश्रुपूर्णाकुलेक्षणम् ।
taṁ tathā kṛpayāviṣṭamaśrupūrṇākulekṣaṇam
विषीदन्तमिदं वाक्यमुवाच मधुसूदनः ॥२-१॥
viṣīdantamidaṁ vākyamuvāca madhusūdanaḥ (2-1)

श्रीभगवानुवाच --
śrībhagavānuvāca --

कुतस्त्वा कश्मलमिदं विषमे समुपस्थितम् ।
kutastvā kaśmalamidaṁ viṣame samupasthitam
अनार्यजुष्टमस्वर्ग्यमकीर्तिकरमर्जुन ॥२-२॥
anāryajuṣṭamasvargyamakīrtikaramarjuna (2-2)

क्लैब्यं मा स्म गमः पार्थ नैतत्त्वय्युपपद्यते ।
klaibyaṁ mā sma gamaḥ pārtha naitattvayyupapadyate
क्षुद्रं हृदयदौर्बल्यं त्यक्त्वोत्तिष्ठ परन्तप ॥२-३॥
kṣudraṁ hṛdayadaurbalyaṁ tyaktvottiṣṭha parantapa (2-3)

अर्जुन उवाच --
arjuna uvāca --

कथं भीष्ममहं सङ्ख्ये द्रोणं च मधुसूदन ।
kathaṁ bhīṣmamahaṁ saṅkhye droṇaṁ ca madhusūdana
इषुभिः प्रतियोत्स्यामि पूजार्हावरिसूदन ॥२-४॥
iṣubhiḥ pratiyotsyāmi pūjārhāvarisūdana (2-4)

गुरूनहत्वा हि महानुभावान् श्रेयो भोक्तुं भैक्ष्यमपीह लोके ।
gurūnahatvā hi mahānubhāvān śreyo bhoktuṁ bhaikṣyamapīha loke
हत्वार्थकामांस्तु गुरूनिहैव भुञ्जीय भोगान् रुधिरप्रदिग्धान् ॥२-५॥
hatvārthakāmāṁstu gurūnihaiva
bhuñjīya bhogān rudhirapradigdhān (2-5)

न चैतद्विद्मः कतरन्नो गरीयो यद्वा जयेम यदि वा नो जयेयुः ।
na caitadvidmaḥ kataranno garīyo yadvā jayema yadi vā no jayeyuḥ
यानेव हत्वा न जिजीविषामस्तेऽवस्थिताः प्रमुखे धार्तराष्ट्राः ॥२-६॥
yāneva hatvā na jijīviṣāmaste'vasthitāḥ pramukhe dhārtarāṣṭrāḥ (2-6)

कार्पण्यदोषोपहतस्वभावः पृच्छामि त्वां धर्मसम्मूढचेताः ।
kārpaṇyadoṣopahatasvabhāvaḥ
pṛcchāmi tvāṁ dharmasammūḍhacetāḥ

यच्छ्रेयः स्यान्निश्चितं ब्रूहि तन्मे
yacchreyaḥ syānniścitaṁ brūhi tanme

शिष्यस्तेऽहं शाधि मां त्वां प्रपन्नम् ॥२-७॥
śiṣyaste'haṁ śādhi māṁ tvāṁ prapannam (2-7)

न हि प्रपश्यामि ममापनुद्याद् यच्छोकमुच्छोषणमिन्द्रियाणाम् ।
na hi prapaśyāmi mamāpanudyād
yacchokamucchoṣaṇamindriyāṇām

अवाप्य भूमावसपत्नमृद्धं राज्यं सुराणामपि चाधिपत्यम् ॥२-८॥
avāpya bhūmāvasapatnamṛddhaṁ
rājyaṁ surāṇāmapi cādhipatyam (2-8)

सञ्जय उवाच --
sañjaya uvāca --

एवमुक्त्वा हृषीकेशं गुडाकेशः परन्तप ।
evamuktvā hṛṣīkeśaṁ guḍākeśaḥ parantapa

न योत्स्य इति गोविन्दमुक्त्वा तूष्णीं बभूव ह ॥२-९॥
na yotsya iti govindamuktvā tūṣṇīṁ babhūva ha (2-9)

तमुवाच हृषीकेशः प्रहसन्निव भारत ।
tamuvāca hṛṣīkeśaḥ prahasanniva bhārata

सेनयोरुभयोर्मध्ये विषीदन्तमिदं वचः ॥२-१०॥
senayorubhayormadhye viṣīdantamidaṁ vacaḥ (2-10)

श्रीभगवानुवाच --
śrībhagavānuvāca --

अशोच्यानन्वशोचस्त्वं प्रज्ञावादांश्च भाषसे ।
aśocyānanvaśocastvaṁ prajñāvādāṁśca bhāṣase

गतासूनगतासूंश्च नानुशोचन्ति पण्डिताः ॥२-११॥
gatāsūnagatāsūṁśca nānuśocanti paṇḍitāḥ (2-11)

न त्वेवाहं जातु नासं न त्वं नेमे जनाधिपाः ।
na tvevāhaṁ jātu nāsaṁ na tvaṁ neme janādhipāḥ

न चैव न भविष्यामः सर्वे वयमतः परम् ॥२-१२॥
na caiva na bhaviṣyāmaḥ sarve vayamataḥ param (2-12)

देहिनोऽस्मिन्यथा देहे कौमारं यौवनं जरा ।
dehino'sminyathā dehe kaumāraṁ yauvanaṁ jarā
तथा देहान्तरप्राप्तिर्धीरस्तत्र न मुह्यति ॥२-१३॥
tathā dehāntaraprāptirdhīrastatra na muhyati (2-13)

मात्रास्पर्शास्तु कौन्तेय शीतोष्णसुखदुःखदाः ।
mātrāsparśāstu kaunteya śītoṣṇasukhaduḥkhadāḥ
आगमापायिनोऽनित्यास्तांस्तितिक्षस्व भारत ॥२-१४॥
āgamāpāyino'nityāstāṁstitikṣasva bhārata (2-14)

यं हि न व्यथयन्त्येते पुरुषं पुरुषर्षभ ।
yaṁ hi na vyathayantyete puruṣaṁ puruṣarṣabha
समदुःखसुखं धीरं सोऽमृतत्वाय कल्पते ॥२-१५॥
samaduḥkhasukhaṁ dhīraṁ so'mṛtatvāya kalpate (2-15)

नासतो विद्यते भावो नाभावो विद्यते सतः ।
nāsato vidyate bhāvo nābhāvo vidyate sataḥ
उभयोरपि दृष्टोऽन्तस्त्वनयोस्तत्त्वदर्शिभिः ॥२-१६॥
ubhayorapi dṛṣṭo'ntastvanayostattvadarśibhiḥ (2-16)

अविनाशि तु तद्विद्धि येन सर्वमिदं ततम् ।
avināśi tu tadviddhi yena sarvamidaṁ tatam
विनाशमव्ययस्यास्य न कश्चित्कर्तुमर्हति ॥२-१७॥
vināśamavyayasyāsya na kaścitkartumarhati (2-17)

अन्तवन्त इमे देहा नित्यस्योक्ताः शरीरिणः ।
antavanta ime dehā nityasyoktāḥ śarīriṇaḥ
अनाशिनोऽप्रमेयस्य तस्माद्युध्यस्व भारत ॥२-१८॥
anāśino'prameyasya tasmādyudhyasva bhārata (2-18)

य एनं वेत्ति हन्तारं यश्चैनं मन्यते हतम् ।
ya enaṁ vetti hantāraṁ yaścainaṁ manyate hatam
उभौ तौ न विजानीतो नायं हन्ति न हन्यते ॥२-१९॥
ubhau tau na vijānīto nāyaṁ hanti na hanyate (2-19)

न जायते म्रियते वा कदाचिन् नायं भूत्वा भविता वा न भूयः ।
na jāyate mriyate vā kadācin nāyaṁ bhūtvā bhavitā vā na bhūyaḥ
अजो नित्यः शाश्वतोऽयं पुराणो न हन्यते हन्यमाने शरीरे ॥२-२०॥
ajo nityaḥ śāśvato'yaṁ purāṇo na hanyate hanyamāne śarīre (2-20)

वेदाविनाशिनं नित्यं य एनमजमव्ययम् ।
vedāvināśinaṁ nityaṁ ya enamajamavyayam
कथं स पुरुषः पार्थ कं घातयति हन्ति कम् ॥२-२१॥
kathaṁ sa puruṣaḥ pārtha kaṁ ghātayati hanti kam (2-21)

वासांसि जीर्णानि यथा विहाय नवानि गृह्णाति नरोऽपराणि ।
vāsāṁsi jīrṇāni yathā vihāya navāni gṛhṇāti naro'parāṇi
तथा शरीराणि विहाय जीर्णान्यन्यानि संयाति नवानि देही ॥२-२२॥
tathā śarīrāṇi vihāya jīrṇānyanyāni saṁyāti navāni dehī (2-22)

नैनं छिन्दन्ति शस्त्राणि नैनं दहति पावकः ।
nainaṁ chindanti śastrāṇi nainaṁ dahati pāvakaḥ
न चैनं क्लेदयन्त्यापो न शोषयति मारुतः ॥२-२३॥
na cainaṁ kledayantyāpo na śoṣayati mārutaḥ (2-23)

अच्छेद्योऽयमदाह्योऽयमक्लेद्योऽशोष्य एव च ।
acchedyo'yamadāhyo'yamakledyo'śoṣya eva ca
नित्यः सर्वगतः स्थाणुरचलोऽयं सनातनः ॥२-२४॥
nityaḥ sarvagataḥ sthāṇuracalo'yaṁ sanātanaḥ (2-24)

अव्यक्तोऽयमचिन्त्योऽयमविकार्योऽयमुच्यते ।
avyakto'yamacintyo'yamavikāryo'yamucyate
तस्मादेवं विदित्वैनं नानुशोचितुमर्हसि ॥२-२५॥
tasmādevaṁ viditvainaṁ nānuśocitumarhasi (2-25)

अथ चैनं नित्यजातं नित्यं वा मन्यसे मृतम् ।
atha cainaṁ nityajātaṁ nityaṁ vā manyase mṛtam
तथापि त्वं महाबाहो नैवं शोचितुमर्हसि ॥२-२६॥
tathāpi tvaṁ mahābāho naivaṁ śocitumarhasi (2-26)

जातस्य हि ध्रुवो मृत्युर्ध्रुवं जन्म मृतस्य च ।
jātasya hi dhruvo mṛtyurdhruvaṁ janma mṛtasya ca
तस्मादपरिहार्येऽर्थे न त्वं शोचितुमर्हसि ॥२-२७॥
tasmādaparihārye'rthe na tvaṁ śocitumarhasi (2-27)

अव्यक्तादीनि भूतानि व्यक्तमध्यानि भारत ।
avyaktādīni bhūtāni vyaktamadhyāni bhārata
अव्यक्तनिधनान्येव तत्र का परिदेवना ॥२-२८॥
avyaktanidhanānyeva tatra kā paridevanā (2-28)

आश्चर्यवत्पश्यति कश्चिदेनमाश्चर्यवद्वदति तथैव चान्यः ।
āścaryavatpaśyati kaścidenamāścaryavadvadati tathaiva cānyaḥ
आश्चर्यवच्चैनमन्यः शृणोति श्रुत्वाप्येनं वेद न चैव कश्चित् ॥२-२९॥
āścaryavaccainamanyaḥ śṛṇoti
śrutvāpyenaṁ veda na caiva kaścit (2-29)

देही नित्यमवध्योऽयं देहे सर्वस्य भारत ।
dehī nityamavadhyo'yaṁ dehe sarvasya bhārata
तस्मात्सर्वाणि भूतानि न त्वं शोचितुमर्हसि ॥२-३०॥
tasmātsarvāṇi bhūtāni na tvaṁ śocitumarhasi (2-30)

स्वधर्ममपि चावेक्ष्य न विकम्पितुमर्हसि ।
svadharmamapi cāvekṣya na vikampitumarhasi
धर्म्याद्धि युद्धाच्छ्रेयोऽन्यत्क्षत्रियस्य न विद्यते ॥२-३१॥
dharmyāddhi yuddhācchreyo'nyatkṣatriyasya na vidyate (2-31)

यदृच्छया चोपपन्नं स्वर्गद्वारमपावृतम् ।
yadṛcchayā copapannaṁ svargadvāramapāvṛtam
सुखिनः क्षत्रियाः पार्थ लभन्ते युद्धमीदृशम् ॥२-३२॥
sukhinaḥ kṣatriyāḥ pārtha labhante yuddhamīdṛśam (2-32)

अथ चेत्त्वमिमं धर्म्यं सङ्ग्रामं न करिष्यसि ।
atha cettvamimaṁ dharmyaṁ saṅgrāmaṁ na kariṣyasi
ततः स्वधर्मं कीर्तिं च हित्वा पापमवाप्स्यसि ॥२-३३॥
tataḥ svadharmaṁ kīrtiṁ ca hitvā pāpamavāpsyasi (2-33)

अकीर्तिं चापि भूतानि कथयिष्यन्ति तेऽव्ययाम् ।
akīrtiṁ cāpi bhūtāni kathayiṣyanti te'vyayām
सम्भावितस्य चाकीर्तिर्मरणादतिरिच्यते ॥२-३४॥
sambhāvitasya cākīrtirmaraṇādatiricyate (2-34)

भयाद्रणादुपरतं मंस्यन्ते त्वां महारथाः ।
bhayādraṇāduparataṁ maṁsyante tvāṁ mahārathāḥ
येषां च त्वं बहुमतो भूत्वा यास्यसि लाघवम् ॥२-३५॥
yeṣāṁ ca tvaṁ bahumato bhūtvā yāsyasi lāghavam (2-35)

अवाच्यवादांश्च बहून्वदिष्यन्ति तवाहिताः ।
avācyavādāṁśca bahūnvadiṣyanti tavāhitāḥ
निन्दन्तस्तव सामर्थ्यं ततो दुःखतरं नु किम् ॥२-३६॥
nindantastava sāmarthyaṁ tato duḥkhataraṁ nu kim (2-36)

हतो वा प्राप्स्यसि स्वर्गं जित्वा वा भोक्ष्यसे महीम् ।
hato vā prāpsyasi svargaṁ jitvā vā bhokṣyase mahīm
तस्मादुत्तिष्ठ कौन्तेय युद्धाय कृतनिश्चयः ॥२-३७॥
tasmāduttiṣṭha kaunteya yuddhāya kṛtaniścayaḥ (2-37)

सुखदुःखे समे कृत्वा लाभालाभौ जयाजयौ ।
sukhaduḥkhe same kṛtvā lābhālābhau jayājayau
ततो युद्धाय युज्यस्व नैवं पापमवाप्स्यसि ॥२-३८॥
tato yuddhāya yujyasva naivaṁ pāpamavāpsyasi (2-38)

एषा तेऽभिहिता साङ्ख्ये बुद्धिर्योगे त्विमां श्रृणु ।
eṣā te'bhihitā sāṅkhye buddhiryoge tvimāṁ śṛṇu
बुद्ध्या युक्तो यया पार्थ कर्मबन्धं प्रहास्यसि ॥२-३९॥
buddhyā yukto yayā pārtha karmabandhaṁ prahāsyasi (2-39)

नेहाभिक्रमनाशोऽस्ति प्रत्यवायो न विद्यते ।
nehābhikramanāśo'sti pratyavāyo na vidyate
स्वल्पमप्यस्य धर्मस्य त्रायते महतो भयात् ॥२-४०॥
svalpamapyasya dharmasya trāyate mahato bhayāt (2-40)

व्यवसायात्मिका बुद्धिरेकेह कुरुनन्दन ।
vyavasāyātmikā buddhirekeha kurunandana
बहुशाखा ह्यनन्ताश्च बुद्धयोऽव्यवसायिनाम् ॥२-४१॥
bahuśākhā hyanantāśca buddhayo'vyavasāyinām (2-41)

यामिमां पुष्पितां वाचं प्रवदन्त्यविपश्चितः ।
yāmimāṁ puṣpitāṁ vācaṁ pravadantyavipaścitaḥ
वेदवादरताः पार्थ नान्यदस्तीति वादिनः ॥२-४२॥
vedavādaratāḥ pārtha nānyadastīti vādinaḥ (2-42)
कामात्मानः स्वर्गपरा जन्मकर्मफलप्रदाम् ।
kāmātmānaḥ svargaparā janmakarmaphalapradām
क्रियाविशेषबहुलां भोगैश्वर्यगतिं प्रति ॥२-४३॥
kriyāviśeṣabahulāṁ bhogaiśvaryagatiṁ prati (2-43)

भोगैश्वर्यप्रसक्तानां तयापहृतचेतसाम् ।
bhogaiśvaryaprasaktānāṁ tayāpahṛtacetasām
व्यवसायात्मिका बुद्धिः समाधौ न विधीयते ॥२-४४॥
vyavasāyātmikā buddhiḥ samādhau na vidhīyate (2-44)

त्रैगुण्यविषया वेदा निस्त्रैगुण्यो भवार्जुन ।
traiguṇyaviṣayā vedā nistraiguṇyo bhavārjuna
निर्द्वन्द्वो नित्यसत्त्वस्थो निर्योगक्षेम आत्मवान् ॥२-४५॥
nirdvandvo nityasattvastho niryogakṣema ātmavān (2-45)

यावानर्थ उदपाने सर्वतः सम्प्लुतोदके ।
yāvānartha udapāne sarvataḥ samplutodake
तावान्सर्वेषु वेदेषु ब्राह्मणस्य विजानतः ॥२-४६॥
tāvānsarveṣu vedeṣu brāhmaṇasya vijānataḥ (2-46)

कर्मण्येवाधिकारस्ते मा फलेषु कदाचन ।
karmaṇyevādhikāraste mā phaleṣu kadācana
मा कर्मफलहेतुर्भूर्मा ते सङ्गोऽस्त्वकर्मणि ॥२-४७॥
mā karmaphalaheturbhūrmā te saṅgo'stvakarmaṇi (2-47)

योगस्थः कुरु कर्माणि सङ्गं त्यक्त्वा धनञ्जय ।
yogasthaḥ kuru karmāṇi saṅgaṁ tyaktvā dhanañjaya
सिद्ध्यसिद्ध्योः समो भूत्वा समत्वं योग उच्यते ॥२-४८॥
siddhyasiddhyoḥ samo bhūtvā samatvaṁ yoga ucyate (2-48)

दूरेण ह्यवरं कर्म बुद्धियोगाद्धनञ्जय ।
dūreṇa hyavaraṁ karma buddhiyogāddhanañjaya
बुद्धौ शरणमन्विच्छ कृपणाः फलहेतवः ॥२-४९॥
buddhau śaraṇamanviccha kṛpaṇāḥ phalahetavaḥ (2-49)

बुद्धियुक्तो जहातीह उभे सुकृतदुष्कृते ।
buddhiyukto jahātīha ubhe sukṛtaduṣkṛte
तस्माद्योगाय युज्यस्व योगः कर्मसु कौशलम् ॥२-५०॥
tasmādyogāya yujyasva yogaḥ karmasu kauśalam (2-50)

कर्मजं बुद्धियुक्ता हि फलं त्यक्त्वा मनीषिणः ।
karmajaṁ buddhiyuktā hi phalaṁ tyaktvā manīṣiṇaḥ
जन्मबन्धविनिर्मुक्ताः पदं गच्छन्त्यनामयम् ॥२-५१॥
janmabandhavinirmuktāḥ padaṁ gacchantyanāmayam (2-51)

यदा ते मोहकलिलं बुद्धिर्व्यतितरिष्यति ।
yadā te mohakalilaṁ buddhirvyatitariṣyati
तदा गन्तासि निर्वेदं श्रोतव्यस्य श्रुतस्य च ॥२-५२॥
tadā gantāsi nirvedaṁ śrotavyasya śrutasya ca (2-52)

श्रुतिविप्रतिपन्ना ते यदा स्थास्यति निश्चला ।
śrutivipratipannā te yadā sthāsyati niścalā
समाधावचला बुद्धिस्तदा योगमवाप्स्यसि ॥२-५३॥
samādhāvacalā buddhistadā yogamavāpsyasi (2-53)

अर्जुन उवाच --
arjuna uvāca --

स्थितप्रज्ञस्य का भाषा समाधिस्थस्य केशव ।
sthitaprajñasya kā bhāṣā samādhisthasya keśava
स्थितधीः किं प्रभाषेत किमासीत व्रजेत किम् ॥२-५४॥
sthitadhīḥ kiṁ prabhāṣeta kimāsīta vrajeta kim (2-54)

श्रीभगवानुवाच --
śrībhagavānuvāca --

प्रजहाति यदा कामान्सर्वान्पार्थ मनोगतान् ।
prajahāti yadā kāmānsarvānpārtha manogatān
आत्मन्येवात्मना तुष्टः स्थितप्रज्ञस्तदोच्यते ॥२-५५॥
ātmanyevātmanā tuṣṭaḥ sthitaprajñastadocyate (2-55)

दुःखेष्वनुद्विग्नमनाः सुखेषु विगतस्पृहः ।
duḥkheṣvanudvignamanāḥ sukheṣu vigataspṛhaḥ
वीतरागभयक्रोधः स्थितधीर्मुनिरुच्यते ॥२-५६॥
vītarāgabhayakrodhaḥ sthitadhīrmunirucyate (2-56)

यः सर्वत्रानभिस्नेहस्तत्तत्प्राप्य शुभाशुभम् ।
yaḥ sarvatrānabhisnehastattatprāpya śubhāśubham
नाभिनन्दति न द्वेष्टि तस्य प्रज्ञा प्रतिष्ठिता ॥२-५७॥
nābhinandati na dveṣṭi tasya prajñā pratiṣṭhitā (2-57)

यदा संहरते चायं कूर्मोऽङ्गानीव सर्वशः ।
yadā saṁharate cāyaṁ kūrmo'ṅgānīva sarvaśaḥ
इन्द्रियाणीन्द्रियार्थेभ्यस्तस्य प्रज्ञा प्रतिष्ठिता ॥२-५८॥
indriyāṇīndriyārthebhyastasya prajñā pratiṣṭhitā (2-58)

विषया विनिवर्तन्ते निराहारस्य देहिनः ।
viṣayā vinivartante nirāhārasya dehinaḥ
रसवर्जं रसोऽप्यस्य परं दृष्ट्वा निवर्तते ॥२-५९॥
rasavarjaṁ raso'pyasya paraṁ dṛṣṭvā nivartate (2-59)

यततो ह्यपि कौन्तेय पुरुषस्य विपश्चितः ।
yatato hyapi kaunteya puruṣasya vipaścitaḥ
इन्द्रियाणि प्रमाथीनि हरन्ति प्रसभं मनः ॥२-६०॥
indriyāṇi pramāthīni haranti prasabhaṁ manaḥ (2-60)

तानि सर्वाणि संयम्य युक्त आसीत मत्परः ।
tāni sarvāṇi saṁyamya yukta āsīta matparaḥ
वशे हि यस्येन्द्रियाणि तस्य प्रज्ञा प्रतिष्ठिता ॥२-६१॥
vaśe hi yasyendriyāṇi tasya prajñā pratiṣṭhitā (2-61)

ध्यायतो विषयान्पुंसः सङ्गस्तेषूपजायते ।
dhyāyato viṣayānpuṁsaḥ saṅgasteṣūpajāyate
सङ्गात्सञ्जायते कामः कामात्क्रोधोऽभिजायते ॥२-६२॥
saṅgātsañjāyate kāmaḥ kāmātkrodho'bhijāyate (2-62)

क्रोधाद्भवति सम्मोहः सम्मोहात्स्मृतिविभ्रमः ।
krodhādbhavati sammohaḥ sammohātsmṛtivibhramaḥ
स्मृतिभ्रंशाद् बुद्धिनाशो बुद्धिनाशात्प्रणश्यति ॥२-६३॥
smṛtibhraṁśād buddhināśo buddhināśātpraṇaśyati (2-63)

रागद्वेषविमुक्तैस्तु विषयानिन्द्रियैश्चरन् ।
rāgadveṣavimuktaistu viṣayānindriyaiścaran
आत्मवश्यैर्विधेयात्मा प्रसादमधिगच्छति ॥२-६४॥
ātmavaśyairvidheyātmā prasādamadhigacchati (2-64)

प्रसादे सर्वदुःखानां हानिरस्योपजायते ।
prasāde sarvaduḥkhānāṁ hānirasyopajāyate
प्रसन्नचेतसो ह्याशु बुद्धिः पर्यवतिष्ठते ॥२-६५॥
prasannacetaso hyāśu buddhiḥ paryavatiṣṭhate (2-65)

नास्ति बुद्धिरयुक्तस्य न चायुक्तस्य भावना ।
nāsti buddhirayuktasya na cāyuktasya bhāvanā
न चाभावयतः शान्तिरशान्तस्य कुतः सुखम् ॥२-६६॥
na cābhāvayataḥ śāntiraśāntasya kutaḥ sukham (2-66)

इन्द्रियाणां हि चरतां यन्मनोऽनुविधीयते ।
indriyāṇāṁ hi caratāṁ yanmano'nuvidhīyate
तदस्य हरति प्रज्ञां वायुर्नावमिवाम्भसि ॥२-६७॥
tadasya harati prajñāṁ vāyurnāvamivāmbhasi (2-67)

तस्माद्यस्य महाबाहो निगृहीतानि सर्वशः ।
tasmādyasya mahābāho nigṛhītāni sarvaśaḥ
इन्द्रियाणीन्द्रियार्थेभ्यस्तस्य प्रज्ञा प्रतिष्ठिता ॥२-६८॥
indriyāṇīndriyārthebhyastasya prajñā pratiṣṭhitā (2-68)

या निशा सर्वभूतानां तस्यां जागर्ति संयमी ।
yā niśā sarvabhūtānāṁ tasyāṁ jāgarti saṁyamī
यस्यां जाग्रति भूतानि सा निशा पश्यतो मुनेः ॥२-६९॥
yasyāṁ jāgrati bhūtāni sā niśā paśyato muneḥ (2-69)

आपूर्यमाणमचलप्रतिष्ठं समुद्रमापः प्रविशन्ति यद्वत् ।
āpūryamāṇamacalapratiṣṭhaṁ samudramāpaḥ praviśanti yadvat
तद्वत्कामा यं प्रविशन्ति सर्वे स शान्तिमाप्नोति न कामकामी ॥२-७०॥
tadvatkāmā yaṁ praviśanti sarve sa śāntimāpnoti na kāmakāmī (2-70)

विहाय कामान्यः सर्वान्पुमांश्चरति निःस्पृहः ।
vihāya kāmānyaḥ sarvānpumāṁścarati niḥspṛhaḥ
निर्ममो निरहङ्कारः स शान्तिमधिगच्छति ॥२-७१॥
nirmamo nirahaṅkāraḥ sa śāntimadhigacchati (2-71)

एषा ब्राह्मी स्थितिः पार्थ नैनां प्राप्य विमुह्यति ।
eṣā brāhmī sthitiḥ pārtha naināṁ prāpya vimuhyati
स्थित्वास्यामन्तकालेऽपि ब्रह्मनिर्वाणमृच्छति ॥२-७२॥
sthitvāsyāmantakāle'pi brahmanirvāṇamṛcchati (2-72)

ॐ तत्सदिति श्रीमद्भगवद्गीतासूपनिषत्सु
om tatsaditi śrīmadbhagavadgītāsūpaniṣatsu
ब्रह्मविद्यायां योगशास्त्रे श्रीकृष्णार्जुनसंवादे
brahmavidyāyāṁ yogaśāstre śrīkṛṣṇārjunasaṁvāde
साङ्ख्ययोगो नाम द्वितीयोऽध्यायः ॥
sāṅkhyayogo nāma dvitīyo'dhyāyaḥ .

~ॐ~ॐ~ॐ~ॐ~ॐ~ॐ~ ॐ~ ॐ~ ॐ~

तृतीयोऽध्यायः - कर्मयोगः

tṛtīyo'dhyāyaḥ - karmayogaḥ

अर्जुन उवाच --
arjuna uvāca --

ज्यायसी चेत्कर्मणस्ते मता बुद्धिर्जनार्दन ।
jyāyasī cetkarmaṇaste matā buddhirjanārdana
तत्किं कर्मणि घोरे मां नियोजयसि केशव ॥३-१॥
tatkiṁ karmaṇi ghore māṁ niyojayasi keśava (3-1)

व्यामिश्रेणेव वाक्येन बुद्धिं मोहयसीव मे ।
vyāmiśreṇeva vākyena buddhiṁ mohayasīva me
तदेकं वद निश्चित्य येन श्रेयोऽहमाप्नुयाम् ॥३-२॥
tadekaṁ vada niścitya yena śreyo'hamāpnuyām (3-2)

श्रीभगवानुवाच --
śrībhagavānuvāca --

लोकेऽस्मिन् द्विविधा निष्ठा पुरा प्रोक्ता मयानघ ।
loke'smin dvividhā niṣṭhā purā proktā mayānagha
ज्ञानयोगेन साङ्ख्यानां कर्मयोगेन योगिनाम् ॥३-३॥
jñānayogena sāṅkhyānāṁ karmayogena yogināṁ (3-3)

न कर्मणामनारम्भान्नैष्कर्म्यं पुरुषोऽश्नुते ।
na karmaṇāmanārambhānnaiṣkarmyaṁ puruṣo'śnute
न च संन्यसनादेव सिद्धिं समधिगच्छति ॥३-४॥
na ca saṁnyasanādeva siddhiṁ samadhigacchati (3-4)

न हि कश्चित्क्षणमपि जातु तिष्ठत्यकर्मकृत् ।
na hi kaścitkṣaṇamapi jātu tiṣṭhatyakarmakṛt
कार्यते ह्यवशः कर्म सर्वः प्रकृतिजैर्गुणैः ॥३-५॥
kāryate hyavaśaḥ karma sarvaḥ prakṛtijairguṇaiḥ (3-5)

कर्मेन्द्रियाणि संयम्य य आस्ते मनसा स्मरन् ।
karmendriyāṇi saṁyamya ya āste manasā smaran
इन्द्रियार्थान्विमूढात्मा मिथ्याचारः स उच्यते ॥३-६॥
indriyārthānvimūḍhātmā mithyācāraḥ sa ucyate (3-6)

यस्त्विन्द्रियाणि मनसा नियम्यारभतेऽर्जुन ।
yastvindriyāṇi manasā niyamyārabhate'rjuna
कर्मेन्द्रियैः कर्मयोगमसक्तः स विशिष्यते ॥३-७॥
karmendriyaiḥ karmayogamasaktaḥ sa viśiṣyate (3-7)

नियतं कुरु कर्म त्वं कर्म ज्यायो ह्यकर्मणः ।
niyataṁ kuru karma tvaṁ karma jyāyo hyakarmaṇaḥ
शरीरयात्रापि च ते न प्रसिद्ध्येदकर्मणः ॥३-८॥
śarīrayātrāpi ca te na prasiddhyedakarmaṇaḥ (3-8)

यज्ञार्थात्कर्मणोऽन्यत्र लोकोऽयं कर्मबन्धनः ।
yajñārthātkarmaṇo'nyatra loko'yaṁ karmabandhanaḥ
तदर्थं कर्म कौन्तेय मुक्तसङ्गः समाचर ॥३-९॥
tadarthaṁ karma kaunteya muktasaṅgaḥ samācara (3-9)

सहयज्ञाः प्रजाः सृष्ट्वा पुरोवाच प्रजापतिः ।
sahayajñāḥ prajāḥ sṛṣṭvā purovāca prajāpatiḥ
अनेन प्रसविष्यध्वमेष वोऽस्त्विष्टकामधुक् ॥३-१०॥
anena prasaviṣyadhvameṣa vo'stviṣṭakāmadhuk (3-10)

देवान्भावयतानेन ते देवा भावयन्तु वः ।
devānbhāvayatānena te devā bhāvayantu vaḥ
परस्परं भावयन्तः श्रेयः परमवाप्स्यथ ॥३-११॥
parasparaṁ bhāvayantaḥ śreyaḥ paramavāpsyatha (3-11)

इष्टान्भोगान्हि वो देवा दास्यन्ते यज्ञभाविताः ।
iṣṭānbhogānhi vo devā dāsyante yajñabhāvitāḥ
तैर्दत्तानप्रदायैभ्यो यो भुङ्क्ते स्तेन एव सः ॥३-१२॥
tairdattānapradāyaibhyo yo bhuṅkte stena eva saḥ (3-12)

यज्ञशिष्टाशिनः सन्तो मुच्यन्ते सर्वकिल्बिषैः ।
yajñaśiṣṭāśinaḥ santo mucyante sarvakilbiṣaiḥ
भुञ्जते ते त्वघं पापा ये पचन्त्यात्मकारणात् ॥३-१३॥
bhuñjate te tvaghaṁ pāpā ye pacantyātmakāraṇāt (3-13)

अन्नाद्भवन्ति भूतानि पर्जन्यादन्नसम्भवः ।
annādbhavanti bhūtāni parjanyādannasambhavaḥ
यज्ञाद्भवति पर्जन्यो यज्ञः कर्मसमुद्भवः ॥३-१४॥
yajñādbhavati parjanyo yajñaḥ karmasamudbhavaḥ (3-14)

कर्म ब्रह्मोद्भवं विद्धि ब्रह्माक्षरसमुद्भवम् ।
karma brahmodbhavaṁ viddhi brahmākṣarasamudbhavam
तस्मात्सर्वगतं ब्रह्म नित्यं यज्ञे प्रतिष्ठितम् ॥३-१५॥
tasmātsarvagataṁ brahma nityaṁ yajñe pratiṣṭhitam (3-15)

एवं प्रवर्तितं चक्रं नानुवर्तयतीह यः ।
evaṁ pravartitaṁ cakraṁ nānuvartayatīha yaḥ
अघायुरिन्द्रियारामो मोघं पार्थ स जीवति ॥३-१६॥
aghāyurindriyārāmo moghaṁ pārtha sa jīvati (3-16)

यस्त्वात्मरतिरेव स्यादात्मतृप्तश्च मानवः ।
yastvātmaratireva syādātmatṛptaśca mānavaḥ
आत्मन्येव च सन्तुष्टस्तस्य कार्यं न विद्यते ॥३-१७॥
ātmanyeva ca santuṣṭastasya kāryaṁ na vidyate (3-17)

नैव तस्य कृतेनार्थो नाकृतेनेह कश्चन ।
naiva tasya kṛtenārtho nākṛteneha kaścana
न चास्य सर्वभूतेषु कश्चिदर्थव्यपाश्रयः ॥३-१८॥
na cāsya sarvabhūteṣu kaścidarthavyapāśrayaḥ (3-18)

तस्मादसक्तः सततं कार्यं कर्म समाचर ।
tasmādasaktaḥ satataṁ kāryaṁ karma samācara
असक्तो ह्याचरन्कर्म परमाप्नोति पूरुषः ॥३-१९॥
asakto hyācarankarma paramāpnoti pūruṣaḥ (3-19)

कर्मणैव हि संसिद्धिमास्थिता जनकादयः ।
karmaṇaiva hi saṁsiddhimāsthitā janakādayaḥ
लोकसङ्ग्रहमेवापि सम्पश्यन्कर्तुमर्हसि ॥३-२०॥
lokasaṅgrahamevāpi sampaśyankartumarhasi (3-20)

यद्यदाचरति श्रेष्ठस्तत्तदेवेतरो जनः ।
yadyadācarati śreṣṭhastattadevetaro janaḥ
स यत्प्रमाणं कुरुते लोकस्तदनुवर्तते ॥३-२१॥
sa yatpramāṇaṁ kurute lokastadanuvartate (3-21)

न मे पार्थास्ति कर्तव्यं त्रिषु लोकेषु किञ्चन ।
na me pārthāsti kartavyaṁ triṣu lokeṣu kiñcana
नानवाप्तमवाप्तव्यं वर्त एव च कर्मणि ॥३-२२॥
nānavāptamavāptavyaṁ varta eva ca karmaṇi (3-22)

यदि ह्यहं न वर्तेयं जातु कर्मण्यतन्द्रितः ।
yadi hyahaṁ na varteyaṁ jātu karmaṇyatandritaḥ
मम वर्त्मानुवर्तन्ते मनुष्याः पार्थ सर्वशः ॥३-२३॥
mama vartmānuvartante manuṣyāḥ pārtha sarvaśaḥ (3-23)

उत्सीदेयुरिमे लोका न कुर्यां कर्म चेदहम् ।
utsīdeyurime lokā na kuryāṁ karma cedaham
सङ्करस्य च कर्ता स्यामुपहन्यामिमाः प्रजाः ॥३-२४॥
saṅkarasya ca kartā syāmupahanyāmimāḥ prajāḥ (3-24)

सक्ताः कर्मण्यविद्वांसो यथा कुर्वन्ति भारत ।
saktāḥ karmaṇyavidvāṁso yathā kurvanti bhārata
कुर्याद्विद्वांस्तथासक्तश्चिकीर्षुर्लोकसङ्ग्रहम् ॥३-२५॥
kuryādvidvāṁstathāsaktaścikīrṣurlokasaṅgraham (3-25)

न बुद्धिभेदं जनयेदज्ञानां कर्मसङ्गिनाम् ।
na buddhibhedaṁ janayedajñānāṁ karmasaṅginām
जोषयेत्सर्वकर्माणि विद्वान्युक्तः समाचरन् ॥३-२६॥
joṣayetsarvakarmāṇi vidvānyuktaḥ samācaran (3-26)

प्रकृतेः क्रियमाणानि गुणैः कर्माणि सर्वशः ।
prakṛteḥ kriyamāṇāni guṇaiḥ karmāṇi sarvaśaḥ
अहङ्कारविमूढात्मा कर्ताहमिति मन्यते ॥३-२७॥
ahaṅkāravimūḍhātmā kartāhamiti manyate (3-27)

तत्त्ववित्तु महाबाहो गुणकर्मविभागयोः ।
tattvavittu mahābāho guṇakarmavibhāgayoḥ
गुणा गुणेषु वर्तन्त इति मत्वा न सज्जते ॥३-२८॥
guṇā guṇeṣu vartanta iti matvā na sajjate (3-28)

प्रकृतेर्गुणसम्मूढाः सज्जन्ते गुणकर्मसु ।
prakṛterguṇasammūḍhāḥ sajjante guṇakarmasu
तानकृत्स्नविदो मन्दान्कृत्स्नविन्न विचालयेत् ॥३-२९॥
tānakṛtsnavido mandānkṛtsnavinna vicālayet (3-29)

मयि सर्वाणि कर्माणि संन्यस्याध्यात्मचेतसा ।
mayi sarvāṇi karmāṇi saṁnyasyādhyātmacetasā
निराशीर्निर्ममो भूत्वा युध्यस्व विगतज्वरः ॥३-३०॥
nirāśīrnirmamo bhūtvā yudhyasva vigatajvaraḥ (3-30)

ये मे मतमिदं नित्यमनुतिष्ठन्ति मानवाः ।
ye me matamidaṁ nityamanutiṣṭhanti mānavāḥ
श्रद्धावन्तोऽनसूयन्तो मुच्यन्ते तेऽपि कर्मभिः ॥३-३१॥
śraddhāvanto'nasūyanto mucyante te'pi karmabhiḥ (3-31)

ये त्वेतदभ्यसूयन्तो नानुतिष्ठन्ति मे मतम् ।
ye tvetadabhyasūyanto nānutiṣṭhanti me matam
सर्वज्ञानविमूढांस्तान्विद्धि नष्टानचेतसः ॥३-३२॥
sarvajñānavimūḍhāṁstānviddhi naṣṭānacetasaḥ (3-32)

सदृशं चेष्टते स्वस्याः प्रकृतेर्ज्ञानवानपि ।
sadṛśaṁ ceṣṭate svasyāḥ prakṛterjñānavānapi
प्रकृतिं यान्ति भूतानि निग्रहः किं करिष्यति ॥३-३३॥
prakṛtiṁ yānti bhūtāni nigrahaḥ kiṁ kariṣyati (3-33)

इन्द्रियस्येन्द्रियस्यार्थे रागद्वेषौ व्यवस्थितौ ।
indriyasyendriyasyārthe rāgadveṣau vyavasthitau
तयोर्न वशमागच्छेत्तौ ह्यस्य परिपन्थिनौ ॥३-३४॥
tayorna vaśamāgacchettau hyasya paripanthinau (3-34)

श्रेयान्स्वधर्मो विगुणः परधर्मात्स्वनुष्ठितात् ।
śreyānsvadharmo viguṇaḥ paradharmātsvanuṣṭhitāt
स्वधर्मे निधनं श्रेयः परधर्मो भयावहः ॥३-३५॥
svadharme nidhanaṁ śreyaḥ paradharmo bhayāvahaḥ (3-35)

अर्जुन उवाच --
arjuna uvāca --

अथ केन प्रयुक्तोऽयं पापं चरति पूरुषः ।
atha kena prayukto'yaṁ pāpaṁ carati pūruṣaḥ
अनिच्छन्नपि वार्ष्णेय बलादिव नियोजितः ॥३-३६॥
anicchannapi vārṣṇeya balādiva niyojitaḥ (3-36)

श्रीभगवानुवाच --
śrībhagavānuvāca --

काम एष क्रोध एष रजोगुणसमुद्भवः ।
kāma eṣa krodha eṣa rajoguṇasamudbhavaḥ
महाशनो महापाप्मा विद्ध्येनमिह वैरिणम् ॥३-३७॥
mahāśano mahāpāpmā viddhyenamiha vairiṇam (3-37)

धूमेनाव्रियते वह्निर्यथादर्शो मलेन च ।
dhūmenāvriyate vahniryathādarśo malena ca
यथोल्बेनावृतो गर्भस्तथा तेनेदमावृतम् ॥३-३८॥
yatholbenāvṛto garbhastathā tenedamāvṛtam (3-38)

आवृतं ज्ञानमेतेन ज्ञानिनो नित्यवैरिणा ।
āvṛtaṁ jñānametena jñānino nityavairiṇā
कामरूपेण कौन्तेय दुष्पूरेणानलेन च ॥३-३९॥
kāmarūpeṇa kaunteya duṣpūreṇānalena ca (3-39)

इन्द्रियाणि मनो बुद्धिरस्याधिष्ठानमुच्यते ।
indriyāṇi mano buddhirasyādhiṣṭhānamucyate
एतैर्विमोहयत्येष ज्ञानमावृत्य देहिनम् ॥३-४०॥
etairvimohayatyeṣa jñānamāvṛtya dehinam (3-40)

तस्मात्त्वमिन्द्रियाण्यादौ नियम्य भरतर्षभ ।
tasmāttvamindriyāṇyādau niyamya bharatarṣabha
पाप्मानं प्रजहि ह्येनं ज्ञानविज्ञाननाशनम् ॥३-४१॥
pāpmānaṁ prajahi hyenaṁ jñānavijñānanāśanam (3-41)

इन्द्रियाणि पराण्याहुरिन्द्रियेभ्यः परं मनः ।
indriyāṇi parāṇyāhurindriyebhyaḥ paraṁ manaḥ
मनसस्तु परा बुद्धिर्यो बुद्धेः परतस्तु सः ॥३-४२॥
manasastu parā buddhiryo buddheḥ paratastu saḥ (3-42)

एवं बुद्धेः परं बुद्ध्वा संस्तभ्यात्मानमात्मना ।
evaṁ buddheḥ paraṁ buddhvā saṁstabhyātmānamātmanā
जहि शत्रुं महाबाहो कामरूपं दुरासदम् ॥३-४३॥
jahi śatruṁ mahābāho kāmarūpaṁ durāsadam (3-43)

ॐ तत्सदिति श्रीमद्भगवद्गीतासूपनिषत्सु
om tatsaditi śrīmadbhagavadgītāsūpaniṣatsu
ब्रह्मविद्यायां योगशास्त्रे श्रीकृष्णार्जुनसंवादे
brahmavidyāyāṁ yogaśāstre śrīkṛṣṇārjunasaṁvāde
कर्मयोगो नाम तृतीयोऽध्यायः ॥
karmayogo nāma tṛtīyo'dhyāyaḥ .

~ॐ~ॐ~ॐ~ॐ~ॐ~ॐ~ ॐ~ ॐ~ ॐ~

चतुर्थोऽध्यायः - ज्ञानकर्मसंन्यासयोगः
caturtho'dhyāyaḥ - jñānakarmasaṁnyāsayogaḥ

श्रीभगवानुवाच --
śrībhagavānuvāca --

इमं विवस्वते योगं प्रोक्तवानहमव्ययम् ।
imaṁ vivasvate yogaṁ proktavānahamavyayam
विवस्वान्मनवे प्राह मनुरिक्ष्वाकवेऽब्रवीत् ॥४-१॥
vivasvānmanave prāha manurikṣvākave'bravīt (4-1)

एवं परम्पराप्राप्तमिमं राजर्षयो विदुः ।
evaṁ paramparāprāptamimaṁ rājarṣayo viduḥ
स कालेनेह महता योगो नष्टः परन्तप ॥४-२॥
sa kāleneha mahatā yogo naṣṭaḥ parantapa (4-2)

स एवायं मया तेऽद्य योगः प्रोक्तः पुरातनः ।
sa evāyaṁ mayā te'dya yogaḥ proktaḥ purātanaḥ
भक्तोऽसि मे सखा चेति रहस्यं ह्येतदुत्तमम् ॥४-३॥
bhakto'si me sakhā ceti rahasyaṁ hyetaduttamam (4-3)

अर्जुन उवाच --
arjuna uvāca --

अपरं भवतो जन्म परं जन्म विवस्वतः ।
aparaṁ bhavato janma paraṁ janma vivasvataḥ
कथमेतद्विजानीयां त्वमादौ प्रोक्तवानिति ॥४-४॥
kathametadvijānīyāṁ tvamādau proktavāniti (4-4)

श्रीभगवानुवाच --
śrībhagavānuvāca --

बहूनि मे व्यतीतानि जन्मानि तव चार्जुन ।
bahūni me vyatītāni janmāni tava cārjuna
तान्यहं वेद सर्वाणि न त्वं वेत्थ परन्तप ॥४-५॥
tānyahaṁ veda sarvāṇi na tvaṁ vettha parantapa (4-5)

अजोऽपि सन्नव्ययात्मा भूतानामीश्वरोऽपि सन् ।
ajo'pi sannavyayātmā bhūtānāmīśvaro'pi san
प्रकृतिं स्वामधिष्ठाय सम्भवाम्यात्ममायया ॥४-६॥
prakṛtiṁ svāmadhiṣṭhāya sambhavāmyātmamāyayā (4-6)

यदा यदा हि धर्मस्य ग्लानिर्भवति भारत ।
yadā yadā hi dharmasya glānirbhavati bhārata
अभ्युत्थानमधर्मस्य तदात्मानं सृजाम्यहम् ॥४-७॥
abhyutthānamadharmasya tadātmānaṁ sṛjāmyaham (4-7)

परित्राणाय साधूनां विनाशाय च दुष्कृताम् ।
paritrāṇāya sādhūnāṁ vināśāya ca duṣkṛtām
धर्मसंस्थापनार्थाय सम्भवामि युगे युगे ॥४-८॥
dharmasaṁsthāpanārthāya sambhavāmi yuge yuge (4-8)

जन्म कर्म च मे दिव्यमेवं यो वेत्ति तत्त्वतः ।
janma karma ca me divyamevaṁ yo vetti tattvataḥ
त्यक्त्वा देहं पुनर्जन्म नैति मामेति सोऽर्जुन ॥४-९॥
tyaktvā dehaṁ punarjanma naiti māmeti so'rjuna (4-9)

वीतरागभयक्रोधा मन्मया मामुपाश्रिताः ।
vītarāgabhayakrodhā manmayā māmupāśritāḥ
बहवो ज्ञानतपसा पूता मद्भावमागताः ॥४-१०॥
bahavo jñānatapasā pūtā madbhāvamāgatāḥ (4-10)

ये यथा मां प्रपद्यन्ते तांस्तथैव भजाम्यहम् ।
ye yathā māṁ prapadyante tāṁstathaiva bhajāmyaham
मम वर्त्मानुवर्तन्ते मनुष्याः पार्थ सर्वशः ॥४-११॥
mama vartmānuvartante manuṣyāḥ pārtha sarvaśaḥ (4-11)

काङ्क्षन्तः कर्मणां सिद्धिं यजन्त इह देवताः ।
kāṅkṣantaḥ karmaṇāṁ siddhiṁ yajanta iha devatāḥ
क्षिप्रं हि मानुषे लोके सिद्धिर्भवति कर्मजा ॥४-१२॥
kṣipraṁ hi mānuṣe loke siddhirbhavati karmajā (4-12)

चातुर्वर्ण्यं मया सृष्टं गुणकर्मविभागशः ।
cāturvarṇyaṁ mayā sṛṣṭaṁ guṇakarmavibhāgaśaḥ
तस्य कर्तारमपि मां विद्ध्यकर्तारमव्ययम् ॥४-१३॥
tasya kartāramapi māṁ viddhyakartāramavyayam (4-13)

न मां कर्माणि लिम्पन्ति न मे कर्मफले स्पृहा ।
na māṁ karmāṇi limpanti na me karmaphale spṛhā
इति मां योऽभिजानाति कर्मभिर्न स बध्यते ॥४-१४॥
iti māṁ yo'bhijānāti karmabhirna sa badhyate (4-14)

एवं ज्ञात्वा कृतं कर्म पूर्वैरपि मुमुक्षुभिः ।
evaṁ jñātvā kṛtaṁ karma pūrvairapi mumukṣubhiḥ
कुरु कर्मैव तस्मात्त्वं पूर्वैः पूर्वतरं कृतम् ॥४-१५॥
kuru karmaiva tasmāttvaṁ pūrvaiḥ pūrvataraṁ kṛtam (4-15)

किं कर्म किमकर्मेति कवयोऽप्यत्र मोहिताः ।
kiṁ karma kimakarmeti kavayo'pyatra mohitāḥ
तत्ते कर्म प्रवक्ष्यामि यज्ज्ञात्वा मोक्ष्यसेऽशुभात् ॥४-१६॥
tatte karma pravakṣyāmi yajjñātvā mokṣyase'śubhāt (4-16)

कर्मणो ह्यपि बोद्धव्यं बोद्धव्यं च विकर्मणः ।
karmaṇo hyapi boddhavyaṁ boddhavyaṁ ca vikarmaṇaḥ
अकर्मणश्च बोद्धव्यं गहना कर्मणो गतिः ॥४-१७॥
akarmaṇaśca boddhavyaṁ gahanā karmaṇo gatiḥ (4-17)

कर्मण्यकर्म यः पश्येदकर्मणि च कर्म यः ।
karmaṇyakarma yaḥ paśyedakarmaṇi ca karma yaḥ
स बुद्धिमान्मनुष्येषु स युक्तः कृत्स्नकर्मकृत् ॥४-१८॥
sa buddhimānmanuṣyeṣu sa yuktaḥ kṛtsnakarmakṛt (4-18)

यस्य सर्वे समारम्भाः कामसङ्कल्पवर्जिताः ।
yasya sarve samārambhāḥ kāmasaṅkalpavarjitāḥ
ज्ञानाग्निदग्धकर्माणं तमाहुः पण्डितं बुधाः ॥४-१९॥
jñānāgnidagdhakarmāṇaṁ tamāhuḥ paṇḍitaṁ budhāḥ (4-19)

त्यक्त्वा कर्मफलासङ्गं नित्यतृप्तो निराश्रयः ।
tyaktvā karmaphalāsaṅgaṁ nityatṛpto nirāśrayaḥ
कर्मण्यभिप्रवृत्तोऽपि नैव किञ्चित्करोति सः ॥४-२०॥
karmaṇyabhipravṛtto'pi naiva kiñcitkaroti saḥ (4-20)

निराशीर्यतचित्तात्मा त्यक्तसर्वपरिग्रहः ।
nirāśīryatacittātmā tyaktasarvaparigrahaḥ
शारीरं केवलं कर्म कुर्वन्नाप्नोति किल्बिषम् ॥४-२१॥
śārīraṁ kevalaṁ karma kurvannāpnoti kilbiṣam (4-21)

यदृच्छालाभसन्तुष्टो द्वन्द्वातीतो विमत्सरः ।
yadṛcchālābhasantuṣṭo dvandvātīto vimatsaraḥ
समः सिद्धावसिद्धौ च कृत्वापि न निबध्यते ॥४-२२॥
samaḥ siddhāvasiddhau ca kṛtvāpi na nibadhyate (4-22)

गतसङ्गस्य मुक्तस्य ज्ञानावस्थितचेतसः ।
gatasaṅgasya muktasya jñānāvasthitacetasaḥ
यज्ञायाचरतः कर्म समग्रं प्रविलीयते ॥४-२३॥
yajñāyācarataḥ karma samagraṁ pravilīyate (4-23)

ब्रह्मार्पणं ब्रह्म हविर्ब्रह्माग्नौ ब्रह्मणा हुतम् ।
brahmārpaṇaṁ brahma havirbrahmāgnau brahmaṇā hutam
ब्रह्मैव तेन गन्तव्यं ब्रह्मकर्मसमाधिना ॥४-२४॥
brahmaiva tena gantavyaṁ brahmakarmasamādhinā (4-24)

दैवमेवापरे यज्ञं योगिनः पर्युपासते ।
daivamevāpare yajñaṁ yoginaḥ paryupāsate
ब्रह्माग्नावपरे यज्ञं यज्ञेनैवोपजुह्वति ॥४-२५॥
brahmāgnāvapare yajñaṁ yajñenaivopajuhvati (4-25)

श्रोत्रादीनीन्द्रियाण्यन्ये संयमाग्निषु जुह्वति ।
śrotrādīnīndriyāṇyanye saṁyamāgniṣu juhvati
शब्दादीन्विषयानन्य इन्द्रियाग्निषु जुह्वति ॥४-२६॥
śabdādīnviṣayānanya indriyāgniṣu juhvati (4-26)

सर्वाणीन्द्रियकर्माणि प्राणकर्माणि चापरे ।
sarvāṇīndriyakarmāṇi prāṇakarmāṇi cāpare
आत्मसंयमयोगाग्नौ जुह्वति ज्ञानदीपिते ॥४-२७॥
ātmasaṁyamayogāgnau juhvati jñānadīpite (4-27)

द्रव्ययज्ञास्तपोयज्ञा योगयज्ञास्तथापरे ।
dravyayajñāstapoyajñā yogayajñāstathāpare
स्वाध्यायज्ञानयज्ञाश्च यतयः संशितव्रताः ॥४-२८॥
svādhyāyajñānayajñāśca yatayaḥ saṁśitavratāḥ (4-28)

अपाने जुह्वति प्राणं प्राणेऽपानं तथापरे ।
apāne juhvati prāṇaṁ prāṇe'pānaṁ tathāpare
प्राणापानगती रुद्ध्वा प्राणायामपरायणाः ॥४-२९॥
prāṇāpānagatī ruddhvā prāṇāyāmaparāyaṇāḥ (4-29)

अपरे नियताहाराः प्राणान्प्राणेषु जुह्वति ।
apare niyatāhārāḥ prāṇānprāṇeṣu juhvati
सर्वेऽप्येते यज्ञविदो यज्ञक्षपितकल्मषाः ॥४-३०॥
sarve'pyete yajñavido yajñakṣapitakalmaṣāḥ (4-30)

यज्ञशिष्टामृतभुजो यान्ति ब्रह्म सनातनम् ।
yajñaśiṣṭāmṛtabhujo yānti brahma sanātanam
नायं लोकोऽस्त्ययज्ञस्य कुतोऽन्यः कुरुसत्तम ॥४-३१॥
nāyaṁ loko'styayajñasya kuto'nyaḥ kurusattama (4-31)

एवं बहुविधा यज्ञा वितता ब्रह्मणो मुखे ।
evaṁ bahuvidhā yajñā vitatā brahmaṇo mukhe
कर्मजान्विद्धि तान्सर्वानेवं ज्ञात्वा विमोक्ष्यसे ॥४-३२॥
karmajānviddhi tānsarvānevaṁ jñātvā vimokṣyase (4-32)

श्रेयान्द्रव्यमयाद्यज्ञाज्ज्ञानयज्ञः परन्तप ।
śreyāndravyamayādyajñājjñānayajñaḥ parantapa
सर्वं कर्माखिलं पार्थ ज्ञाने परिसमाप्यते ॥४-३३॥
sarvaṁ karmākhilaṁ pārtha jñāne parisamāpyate (4-33)

तद्विद्धि प्रणिपातेन परिप्रश्नेन सेवया ।
tadviddhi praṇipātena paripraśnena sevayā
उपदेक्ष्यन्ति ते ज्ञानं ज्ञानिनस्तत्त्वदर्शिनः ॥४-३४॥
upadekṣyanti te jñānaṁ jñāninastattvadarśinaḥ (4-34)

यज्ज्ञात्वा न पुनर्मोहमेवं यास्यसि पाण्डव ।
yajjñātvā na punarmohamevaṁ yāsyasi pāṇḍava
येन भूतान्यशेषेण द्रक्ष्यस्यात्मन्यथो मयि ॥४-३५॥
yena bhūtānyaśeṣeṇa drakṣyasyātmanyatho mayi (4-35)

— ॐ —

अपि चेदसि पापेभ्यः सर्वेभ्यः पापकृत्तमः ।
api cedasi pāpebhyaḥ sarvebhyaḥ pāpakṛttamaḥ
सर्वं ज्ञानप्लवेनैव वृजिनं सन्तरिष्यसि ॥४-३६॥
sarvaṁ jñānaplavenaiva vṛjinaṁ santariṣyasi (4-36)

यथैधांसि समिद्धोऽग्निर्भस्मसात्कुरुतेऽर्जुन ।
yathaidhāṁsi samiddho'gnirbhasmasātkurute'rjuna
ज्ञानाग्निः सर्वकर्माणि भस्मसात्कुरुते तथा ॥४-३७॥
jñānāgniḥ sarvakarmāṇi bhasmasātkurute tathā (4-37)

न हि ज्ञानेन सदृशं पवित्रमिह विद्यते ।
na hi jñānena sadṛśaṁ pavitramiha vidyate
तत्स्वयं योगसंसिद्धः कालेनात्मनि विन्दति ॥४-३८॥
tatsvayaṁ yogasaṁsiddhaḥ kālenātmani vindati (4-38)

श्रद्धावाँल्लभते ज्ञानं तत्परः संयतेन्द्रियः ।
śraddhāvāṁllabhate jñānaṁ tatparaḥ saṁyatendriyaḥ
ज्ञानं लब्ध्वा परां शान्तिमचिरेणाधिगच्छति ॥४-३९॥
jñānaṁ labdhvā parāṁ śāntimacireṇādhigacchati (4-39)

अज्ञश्चाश्रद्दधानश्च संशयात्मा विनश्यति ।
ajñaścāśraddadhānaśca saṁśayātmā vinaśyati
नायं लोकोऽस्ति न परो न सुखं संशयात्मनः ॥४-४०॥
nāyaṁ loko'sti na paro na sukhaṁ saṁśayātmanaḥ (4-40)

योगसंन्यस्तकर्माणं ज्ञानसञ्छिन्नसंशयम् ।
yogasaṁnyastakarmāṇaṁ jñānasañchinnasaṁśayam
आत्मवन्तं न कर्माणि निबध्नन्ति धनञ्जय ॥४-४१॥
ātmavantaṁ na karmāṇi nibadhnanti dhanañjaya (4-41)

तस्मादज्ञानसम्भूतं हृत्स्थं ज्ञानासिनात्मनः ।
tasmādajñānasambhūtaṁ hṛtsthaṁ jñānāsinātmanaḥ
छित्त्वैनं संशयं योगमातिष्ठोत्तिष्ठ भारत ॥४-४२॥
chittvainaṁ saṁśayaṁ yogamātiṣṭhottiṣṭha bhārata (4-42)

ॐ तत्सदिति श्रीमद्भगवद्गीतासूपनिषत्सु
om tatsaditi śrīmadbhagavadgītāsūpaniṣatsu
ब्रह्मविद्यायां योगशास्त्रे श्रीकृष्णार्जुनसंवादे
brahmavidyāyāṁ yogaśāstre śrīkṛṣṇārjunasaṁvāde
ज्ञानकर्मसंन्यासयोगो नाम चतुर्थोऽध्यायः ॥
jñānakarmasaṁnyāsayogo nāma caturtho'dhyāyaḥ .

~ॐ~ॐ~ॐ~ॐ~ॐ~ॐ~ ॐ~ ॐ~ ॐ~

पञ्चमोऽध्यायः - संन्यासयोगः

pañcamo'dhyāyaḥ - saṁnyāsayogaḥ

अर्जुन उवाच --
arjuna uvāca --

संन्यासं कर्मणां कृष्ण पुनर्योगं च शंससि ।
saṁnyāsaṁ karmaṇāṁ kṛṣṇa punaryogaṁ ca śaṁsasi
यच्छ्रेय एतयोरेकं तन्मे ब्रूहि सुनिश्चितम् ॥५-१॥
yacchreya etayorekaṁ tanme brūhi suniścitam (5-1)

श्रीभगवानुवाच --
śrībhagavānuvāca --

संन्यासः कर्मयोगश्च निःश्रेयसकरावुभौ ।
saṁnyāsaḥ karmayogaśca niḥśreyasakarāvubhau
तयोस्तु कर्मसंन्यासात्कर्मयोगो विशिष्यते ॥५-२॥
tayostu karmasaṁnyāsātkarmayogo viśiṣyate (5-2)

ज्ञेयः स नित्यसंन्यासी यो न द्वेष्टि न काङ्क्षति ।
jñeyaḥ sa nityasaṁnyāsī yo na dveṣṭi na kāṅkṣati
निर्द्वन्द्वो हि महाबाहो सुखं बन्धात्प्रमुच्यते ॥५-३॥
nirdvandvo hi mahābāho sukhaṁ bandhātpramucyate (5-3)

साङ्ख्ययोगौ पृथग्बालाः प्रवदन्ति न पण्डिताः ।
sāṅkhyayogau pṛthagbālāḥ pravadanti na paṇḍitāḥ
एकमप्यास्थितः सम्यगुभयोर्विन्दते फलम् ॥५-४॥
ekamapyāsthitaḥ samyagubhayorvindate phalam (5-4)

यत्साङ्ख्यैः प्राप्यते स्थानं तद्योगैरपि गम्यते ।
yatsāṅkhyaiḥ prāpyate sthānaṁ tadyogairapi gamyate
एकं साङ्ख्यं च योगं च यः पश्यति स पश्यति ॥५-५॥
ekaṁ sāṅkhyaṁ ca yogaṁ ca yaḥ paśyati sa paśyati (5-5)

संन्यासस्तु महाबाहो दुःखमाप्तुमयोगतः ।
saṁnyāsastu mahābāho duḥkhamāptumayogataḥ
योगयुक्तो मुनिर्ब्रह्म नचिरेणाधिगच्छति ॥५-६॥
yogayukto munirbrahma nacireṇādhigacchati (5-6)

योगयुक्तो विशुद्धात्मा विजितात्मा जितेन्द्रियः ।
yogayukto viśuddhātmā vijitātmā jitendriyaḥ
सर्वभूतात्मभूतात्मा कुर्वन्नपि न लिप्यते ॥५-७॥
sarvabhūtātmabhūtātmā kurvannapi na lipyate (5-7)

नैव किञ्चित्करोमीति युक्तो मन्येत तत्त्ववित् ।
naiva kiñcitkaromīti yukto manyeta tattvavit
पश्यञ्शृण्वन्स्पृशञ्जिघ्रन्नश्नन्गच्छन्स्वपञ्श्वसन् ॥५-८॥
paśyañśṛṇvanspṛśañjighrannaśnangacchansvapañśvasan (5-8)
प्रलपन्विसृजन्गृह्णन्नुन्मिषन्निमिषन्नपि ।
pralapanvisṛjangṛhṇannunmiṣannimiṣannapi
इन्द्रियाणीन्द्रियार्थेषु वर्तन्त इति धारयन् ॥५-९॥
indriyāṇīndriyārtheṣu vartanta iti dhārayan (5-9)

ब्रह्मण्याधाय कर्माणि सङ्गं त्यक्त्वा करोति यः ।
brahmaṇyādhāya karmāṇi saṅgaṁ tyaktvā karoti yaḥ
लिप्यते न स पापेन पद्मपत्रमिवाम्भसा ॥५-१०॥
lipyate na sa pāpena padmapatramivāmbhasā (5-10)

कायेन मनसा बुद्ध्या केवलैरिन्द्रियैरपि ।
kāyena manasā buddhyā kevalairindriyairapi
योगिनः कर्म कुर्वन्ति सङ्गं त्यक्त्वात्मशुद्धये ॥५-११॥
yoginaḥ karma kurvanti saṅgaṁ tyaktvātmaśuddhaye (5-11)

युक्तः कर्मफलं त्यक्त्वा शान्तिमाप्नोति नैष्ठिकीम् ।
yuktaḥ karmaphalaṁ tyaktvā śāntimāpnoti naiṣṭhikīm
अयुक्तः कामकारेण फले सक्तो निबध्यते ॥५-१२॥
ayuktaḥ kāmakāreṇa phale sakto nibadhyate (5-12)

सर्वकर्माणि मनसा संन्यस्यास्ते सुखं वशी ।
sarvakarmāṇi manasā saṁnyasyāste sukhaṁ vaśī
नवद्वारे पुरे देही नैव कुर्वन्न कारयन् ॥५-१३॥
navadvāre pure dehī naiva kurvanna kārayan (5-13)

न कर्तृत्वं न कर्माणि लोकस्य सृजति प्रभुः ।
na kartṛtvaṁ na karmāṇi lokasya sṛjati prabhuḥ
न कर्मफलसंयोगं स्वभावस्तु प्रवर्तते ॥५-१४॥
na karmaphalasaṁyogaṁ svabhāvastu pravartate (5-14)

नादत्ते कस्यचित्पापं न चैव सुकृतं विभुः ।
nādatte kasyacitpāpaṁ na caiva sukṛtaṁ vibhuḥ
अज्ञानेनावृतं ज्ञानं तेन मुह्यन्ति जन्तवः ॥५-१५॥
ajñānenāvṛtaṁ jñānaṁ tena muhyanti jantavaḥ (5-15)

ज्ञानेन तु तदज्ञानं येषां नाशितमात्मनः ।
jñānena tu tadajñānaṁ yeṣāṁ nāśitamātmanaḥ
तेषामादित्यवज्ज्ञानं प्रकाशयति तत्परम् ॥५-१६॥
teṣāmādityavajjñānaṁ prakāśayati tatparam (5-16)

तद्बुद्धयस्तदात्मानस्तन्निष्ठास्तत्परायणाः ।
tadbuddhayastadātmānastanniṣṭhāstatparāyaṇāḥ
गच्छन्त्यपुनरावृत्तिं ज्ञाननिर्धूतकल्मषाः ॥५-१७॥
gacchantyapunarāvṛttiṁ jñānanirdhūtakalmaṣāḥ (5-17)

विद्याविनयसम्पन्ने ब्राह्मणे गवि हस्तिनि ।
vidyāvinayasampanne brāhmaṇe gavi hastini
शुनि चैव श्वपाके च पण्डिताः समदर्शिनः ॥५-१८॥
śuni caiva śvapāke ca paṇḍitāḥ samadarśinaḥ (5-18)

इहैव तैर्जितः सर्गो येषां साम्ये स्थितं मनः ।
ihaiva tairjitaḥ sargo yeṣāṁ sāmye sthitaṁ manaḥ
निर्दोषं हि समं ब्रह्म तस्माद् ब्रह्मणि ते स्थिताः ॥५-१९॥
nirdoṣaṁ hi samaṁ brahma tasmād brahmaṇi te sthitāḥ (5-19)

न प्रहृष्येत्प्रियं प्राप्य नोद्विजेत्प्राप्य चाप्रियम् ।
na prahṛṣyetpriyaṁ prāpya nodvijetprāpya cāpriyam
स्थिरबुद्धिरसम्मूढो ब्रह्मविद् ब्रह्मणि स्थितः ॥५-२०॥
sthirabuddhirasammūḍho brahmavid brahmaṇi sthitaḥ (5-20)

बाह्यस्पर्शेष्वसक्तात्मा विन्दत्यात्मनि यत्सुखम् ।
bāhyasparśeṣvasaktātmā vindatyātmani yatsukham
स ब्रह्मयोगयुक्तात्मा सुखमक्षयमश्नुते ॥५-२१॥
sa brahmayogayuktātmā sukhamakṣayamaśnute (5-21)

ये हि संस्पर्शजा भोगा दुःखयोनय एव ते ।
ye hi saṁsparśajā bhogā duḥkhayonaya eva te
आद्यन्तवन्तः कौन्तेय न तेषु रमते बुधः ॥५-२२॥
ādyantavantaḥ kaunteya na teṣu ramate budhaḥ (5-22)

शक्नोतीहैव यः सोढुं प्राक्शरीरविमोक्षणात् ।
śaknotīhaiva yaḥ soḍhuṁ prākśarīravimokṣaṇāt
कामक्रोधोद्भवं वेगं स युक्तः स सुखी नरः ॥५-२३॥
kāmakrodhodbhavaṁ vegaṁ sa yuktaḥ sa sukhī naraḥ (5-23)

योऽन्तःसुखोऽन्तरारामस्तथान्तर्ज्योतिरेव यः ।
yo'ntaḥsukho'ntarārāmastathāntarjyotireva yaḥ
स योगी ब्रह्मनिर्वाणं ब्रह्मभूतोऽधिगच्छति ॥५-२४॥
sa yogī brahmanirvāṇaṁ brahmabhūto'dhigacchati (5-24)

लभन्ते ब्रह्मनिर्वाणमृषयः क्षीणकल्मषाः ।
labhante brahmanirvāṇamṛṣayaḥ kṣīṇakalmaṣāḥ
छिन्नद्वैधा यतात्मानः सर्वभूतहिते रताः ॥५-२५॥
chinnadvaidhā yatātmānaḥ sarvabhūtahite ratāḥ (5-25)

कामक्रोधवियुक्तानां यतीनां यतचेतसाम् ।
kāmakrodhaviyuktānāṁ yatīnāṁ yatacetasām
अभितो ब्रह्मनिर्वाणं वर्तते विदितात्मनाम् ॥५-२६॥
abhito brahmanirvāṇaṁ vartate viditātmanām (5-26)

स्पर्शान्कृत्वा बहिर्बाह्यांश्चक्षुश्चैवान्तरे भ्रुवोः ।
sparśānkṛtvā bahirbāhyāṁścakṣuścaivāntare bhruvoḥ
प्राणापानौ समौ कृत्वा नासाभ्यन्तरचारिणौ ॥५-२७॥
prāṇāpānau samau kṛtvā nāsābhyantaracāriṇau (5-27)
यतेन्द्रियमनोबुद्धिर्मुनिर्मोक्षपरायणः ।
yatendriyamanobuddhirmunirmokṣaparāyaṇaḥ
विगतेच्छाभयक्रोधो यः सदा मुक्त एव सः ॥५-२८॥
vigatecchābhayakrodho yaḥ sadā mukta eva saḥ (5-28)

भोक्तारं यज्ञतपसां सर्वलोकमहेश्वरम् ।
bhoktāraṁ yajñatapasāṁ sarvalokamaheśvaram
सुहृदं सर्वभूतानां ज्ञात्वा मां शान्तिमृच्छति ॥५-२९॥
suhṛdaṁ sarvabhūtānāṁ jñātvā māṁ śāntimṛcchati (5-29)

ॐ तत्सदिति श्रीमद्भगवद्गीतासूपनिषत्सु
om tatsaditi śrīmadbhagavadgītāsūpaniṣatsu
ब्रह्मविद्यायां योगशास्त्रे श्रीकृष्णार्जुनसंवादे
brahmavidyāyāṁ yogaśāstre śrīkṛṣṇārjunasaṁvāde
संन्यासयोगो नाम पञ्चमोऽध्यायः ॥
saṁnyāsayogo nāma pañcamo'dhyāyaḥ .

षष्ठोऽध्यायः - ध्यानयोगः
ṣaṣṭho'dhyāyaḥ - dhyānayogaḥ

श्रीभगवानुवाच --
śrībhagavānuvāca --

अनाश्रितः कर्मफलं कार्यं कर्म करोति यः ।
anāśritaḥ karmaphalaṁ kāryaṁ karma karoti yaḥ
स संन्यासी च योगी च न निरग्निर्न चाक्रियः ॥६-१॥
sa saṁnyāsī ca yogī ca na niragnirna cākriyaḥ (6-1)

यं संन्यासमिति प्राहुर्योगं तं विद्धि पाण्डव ।
yaṁ saṁnyāsamiti prāhuryogaṁ taṁ viddhi pāṇḍava
न ह्यसंन्यस्तसङ्कल्पो योगी भवति कश्चन ॥६-२॥
na hyasaṁnyastasaṅkalpo yogī bhavati kaścana (6-2)

आरुरुक्षोर्मुनेर्योगं कर्म कारणमुच्यते ।
ārurukṣormuneryogaṁ karma kāraṇamucyate
योगारूढस्य तस्यैव शमः कारणमुच्यते ॥६-३॥
yogārūḍhasya tasyaiva śamaḥ kāraṇamucyate (6-3)

यदा हि नेन्द्रियार्थेषु न कर्मस्वनुषज्जते ।
yadā hi nendriyārtheṣu na karmasvanuṣajjate
सर्वसङ्कल्पसंन्यासी योगारूढस्तदोच्यते ॥६-४॥
sarvasaṅkalpasaṁnyāsī yogārūḍhastadocyate (6-4)

उद्धरेदात्मनात्मानं नात्मानमवसादयेत् ।
uddharedātmanātmānaṁ nātmānamavasādayet
आत्मैव ह्यात्मनो बन्धुरात्मैव रिपुरात्मनः ॥६-५॥
ātmaiva hyātmano bandhurātmaiva ripurātmanaḥ (6-5)

बन्धुरात्मात्मनस्तस्य येनात्मैवात्मना जितः ।
bandhurātmātmanastasya yenātmaivātmanā jitaḥ
अनात्मनस्तु शत्रुत्वे वर्तेतात्मैव शत्रुवत् ॥६-६॥
anātmanastu śatrutve vartetātmaiva śatruvat (6-6)

जितात्मनः प्रशान्तस्य परमात्मा समाहितः ।
jitātmanaḥ praśāntasya paramātmā samāhitaḥ
शीतोष्णसुखदुःखेषु तथा मानापमानयोः ॥६-७॥
śītoṣṇasukhaduḥkheṣu tathā mānāpamānayoḥ (6-7)

ज्ञानविज्ञानतृप्तात्मा कूटस्थो विजितेन्द्रियः ।
jñānavijñānatṛptātmā kūṭastho vijitendriyaḥ
युक्त इत्युच्यते योगी समलोष्टाश्मकाञ्चनः ॥६-८॥
yukta ityucyate yogī samaloṣṭāśmakāñcanaḥ (6-8)

सुहृन्मित्रार्युदासीनमध्यस्थद्वेष्यबन्धुषु ।
suhṛnmitrāryudāsīnamadhyasthadveṣyabandhuṣu
साधुष्वपि च पापेषु समबुद्धिर्विशिष्यते ॥६-९॥
sādhuṣvapi ca pāpeṣu samabuddhirviśiṣyate (6-9)

योगी युञ्जीत सततमात्मानं रहसि स्थितः ।
yogī yuñjīta satatamātmānaṁ rahasi sthitaḥ
एकाकी यतचित्तात्मा निराशीरपरिग्रहः ॥६-१०॥
ekākī yatacittātmā nirāśīraparigrahaḥ (6-10)

शुचौ देशे प्रतिष्ठाप्य स्थिरमासनमात्मनः ।
śucau deśe pratiṣṭhāpya sthiramāsanamātmanaḥ
नात्युच्छ्रितं नातिनीचं चैलाजिनकुशोत्तरम् ॥६-११॥
nātyucchritaṁ nātinīcaṁ cailājinakuśottaram (6-11)
तत्रैकाग्रं मनः कृत्वा यतचित्तेन्द्रियक्रियः ।
tatraikāgraṁ manaḥ kṛtvā yatacittendriyakriyaḥ
उपविश्यासने युञ्ज्याद्योगमात्मविशुद्धये ॥६-१२॥
upaviśyāsane yuñjyādyogamātmaviśuddhaye (6-12)

समं कायशिरोग्रीवं धारयन्नचलं स्थिरः ।
samaṁ kāyaśirogrīvaṁ dhārayannacalaṁ sthiraḥ
सम्प्रेक्ष्य नासिकाग्रं स्वं दिशश्चानवलोकयन् ॥६-१३॥
samprekṣya nāsikāgraṁ svaṁ diśaścānavalokayan (6-13)
प्रशान्तात्मा विगतभीर्ब्रह्मचारिव्रते स्थितः ।
praśāntātmā vigatabhīrbrahmacārivrate sthitaḥ
मनः संयम्य मच्चित्तो युक्त आसीत मत्परः ॥६-१४॥
manaḥ saṁyamya maccitto yukta āsīta matparaḥ (6-14)

युञ्जन्नेवं सदात्मानं योगी नियतमानसः ।
yuñjannevaṁ sadātmānaṁ yogī niyatamānasaḥ
शान्तिं निर्वाणपरमां मत्संस्थामधिगच्छति ॥६-१५॥
śāntiṁ nirvāṇaparamāṁ matsaṁsthāmadhigacchati (6-15)

नात्यश्नतस्तु योगोऽस्ति न चैकान्तमनश्नतः ।
nātyaśnatastu yogo'sti na caikāntamanaśnataḥ
न चातिस्वप्नशीलस्य जाग्रतो नैव चार्जुन ॥६-१६॥
na cātisvapnaśīlasya jāgrato naiva cārjuna (6-16)

युक्ताहारविहारस्य युक्तचेष्टस्य कर्मसु ।
yuktāhāravihārasya yuktaceṣṭasya karmasu
युक्तस्वप्नावबोधस्य योगो भवति दुःखहा ॥६-१७॥
yuktasvapnāvabodhasya yogo bhavati duḥkhahā (6-17)

यदा विनियतं चित्तमात्मन्येवावतिष्ठते ।
yadā viniyataṁ cittamātmanyevāvatiṣṭhate
निःस्पृहः सर्वकामेभ्यो युक्त इत्युच्यते तदा ॥६-१८॥
niḥspṛhaḥ sarvakāmebhyo yukta ityucyate tadā (6-18)

यथा दीपो निवातस्थो नेङ्गते सोपमा स्मृता ।
yathā dīpo nivātastho neṅgate sopamā smṛtā
योगिनो यतचित्तस्य युञ्जतो योगमात्मनः ॥६-१९॥
yogino yatacittasya yuñjato yogamātmanaḥ (6-19)

यत्रोपरमते चित्तं निरुद्धं योगसेवया ।
yatroparamate cittaṁ niruddhaṁ yogasevayā
यत्र चैवात्मनात्मानं पश्यन्नात्मनि तुष्यति ॥६-२०॥
yatra caivātmanātmānaṁ paśyannātmani tuṣyati (6-20)

सुखमात्यन्तिकं यत्तद् बुद्धिग्राह्यमतीन्द्रियम् ।
sukhamātyantikaṁ yattad buddhigrāhyamatīndriyam
वेत्ति यत्र न चैवायं स्थितश्चलति तत्त्वतः ॥६-२१॥
vetti yatra na caivāyaṁ sthitaścalati tattvataḥ (6-21)

यं लब्ध्वा चापरं लाभं मन्यते नाधिकं ततः ।
yaṁ labdhvā cāparaṁ lābhaṁ manyate nādhikaṁ tataḥ
यस्मिन्स्थितो न दुःखेन गुरुणापि विचाल्यते ॥६-२२॥
yasminsthito na duḥkhena guruṇāpi vicālyate (6-22)

तं विद्याद् दुःखसंयोगवियोगं योगसंज्ञितम् ।
taṁ vidyād duḥkhasaṁyogaviyogaṁ yogasaṁjñitam
स निश्चयेन योक्तव्यो योगोऽनिर्विण्णचेतसा ॥६-२३॥
sa niścayena yoktavyo yogo'nirviṇṇacetasā (6-23)

सङ्कल्पप्रभवान्कामांस्त्यक्त्वा सर्वानशेषतः ।
saṅkalpaprabhavānkāmāṁstyaktvā sarvānaśeṣataḥ
मनसैवेन्द्रियग्रामं विनियम्य समन्ततः ॥६-२४॥
manasaivendriyagrāmaṁ viniyamya samantataḥ (6-24)

शनैः शनैरुपरमेद् बुद्ध्या धृतिगृहीतया ।
śanaiḥ śanairuparamed buddhyā dhṛtigṛhītayā
आत्मसंस्थं मनः कृत्वा न किञ्चिदपि चिन्तयेत् ॥६-२५॥
ātmasaṁsthaṁ manaḥ kṛtvā na kiñcidapi cintayet (6-25)

— ॐ —

यतो यतो निश्चरति मनश्चञ्चलमस्थिरम् ।
yato yato niścarati manaścañcalamasthiram
ततस्ततो नियम्यैतदात्मन्येव वशं नयेत् ॥६-२६॥
tatastato niyamyaitadātmanyeva vaśaṁ nayet (6-26)

प्रशान्तमनसं ह्येनं योगिनं सुखमुत्तमम् ।
praśāntamanasaṁ hyenaṁ yoginaṁ sukhamuttamam
उपैति शान्तरजसं ब्रह्मभूतमकल्मषम् ॥६-२७॥
upaiti śāntarajasaṁ brahmabhūtamakalmaṣam (6-27)

युञ्जन्नेवं सदात्मानं योगी विगतकल्मषः ।
yuñjannevaṁ sadātmānaṁ yogī vigatakalmaṣaḥ
सुखेन ब्रह्मसंस्पर्शमत्यन्तं सुखमश्नुते ॥६-२८॥
sukhena brahmasaṁsparśamatyantaṁ sukhamaśnute (6-28)

सर्वभूतस्थमात्मानं सर्वभूतानि चात्मनि ।
sarvabhūtasthamātmānaṁ sarvabhūtāni cātmani
ईक्षते योगयुक्तात्मा सर्वत्र समदर्शनः ॥६-२९॥
īkṣate yogayuktātmā sarvatra samadarśanaḥ (6-29)

योो मां पश्यति सर्वत्र सर्वं च मयि पश्यति ।
yo māṁ paśyati sarvatra sarvaṁ ca mayi paśyati
तस्याहं न प्रणश्यामि स च मे न प्रणश्यति ॥६-३०॥
tasyāhaṁ na praṇaśyāmi sa ca me na praṇaśyati (6-30)

सर्वभूतस्थितं यो मां भजत्येकत्वमास्थितः ।
sarvabhūtasthitaṁ yo māṁ bhajatyekatvamāsthitaḥ
सर्वथा वर्तमानोऽपि स योगी मयि वर्तते ॥६-३१॥
sarvathā vartamāno'pi sa yogī mayi vartate (6-31)

आत्मौपम्येन सर्वत्र समं पश्यति योऽर्जुन ।
ātmaupamyena sarvatra samaṁ paśyati yo'rjuna
सुखं वा यदि वा दुःखं स योगी परमो मतः ॥६-३२॥
sukhaṁ vā yadi vā duḥkhaṁ sa yogī paramo mataḥ (6-32)

अर्जुन उवाच --
arjuna uvāca --

योऽयं योगस्त्वया प्रोक्तः साम्येन मधुसूदन ।
yo'yaṁ yogastvayā proktaḥ sāmyena madhusūdana
एतस्याहं न पश्यामि चञ्चलत्वात्स्थितिं स्थिराम् ॥६-३३॥
etasyāhaṁ na paśyāmi cañcalatvātsthitiṁ sthirām (6-33)

चञ्चलं हि मनः कृष्ण प्रमाथि बलवद् दृढम् ।
cañcalaṁ hi manaḥ kṛṣṇa pramāthi balavad dṛḍham
तस्याहं निग्रहं मन्ये वायोरिव सुदुष्करम् ॥६-३४॥
tasyāhaṁ nigrahaṁ manye vāyoriva suduṣkaram (6-34)

श्रीभगवानुवाच --
śrībhagavānuvāca --

असंशयं महाबाहो मनो दुर्निग्रहं चलम् ।
asaṁśayaṁ mahābāho mano durnigrahaṁ calam
अभ्यासेन तु कौन्तेय वैराग्येण च गृह्यते ॥६-३५॥
abhyāsena tu kaunteya vairāgyeṇa ca gṛhyate (6-35)

असंयतात्मना योगो दुष्प्राप इति मे मतिः ।
asaṁyatātmanā yogo duṣprāpa iti me matiḥ
वश्यात्मना तु यतता शक्योऽवाप्तुमुपायतः ॥६-३६॥
vaśyātmanā tu yatatā śakyo'vāptumupāyataḥ (6-36)

अर्जुन उवाच --
arjuna uvāca --

अयतिः श्रद्धयोपेतो योगाच्चलितमानसः ।
ayatiḥ śraddhayopeto yogāccalitamānasaḥ
अप्राप्य योगसंसिद्धिं कां गतिं कृष्ण गच्छति ॥६-३७॥
aprāpya yogasaṁsiddhiṁ kāṁ gatiṁ kṛṣṇa gacchati (6-37)

कच्चिन्नोभयविभ्रष्टश्छिन्नाभ्रमिव नश्यति ।
kaccinnobhayavibhraṣṭaśchinnābhramiva naśyati
अप्रतिष्ठो महाबाहो विमूढो ब्रह्मणः पथि ॥६-३८॥
apratiṣṭho mahābāho vimūḍho brahmaṇaḥ pathi (6-38)

एतन्मे संशयं कृष्ण छेत्तुमर्हस्यशेषतः ।
etanme saṁśayaṁ kṛṣṇa chettumarhasyaśeṣataḥ
त्वदन्यः संशयस्यास्य छेत्ता न ह्युपपद्यते ॥६-३९॥
tvadanyaḥ saṁśayasyāsya chettā na hyupapadyate (6-39)

श्रीभगवानुवाच --
śrībhagavānuvāca --

पार्थ नैवेह नामुत्र विनाशस्तस्य विद्यते ।
pārtha naiveha nāmutra vināśastasya vidyate
न हि कल्याणकृत्कश्चिद् दुर्गतिं तात गच्छति ॥६-४०॥
na hi kalyāṇakṛtkaścid durgatiṁ tāta gacchati (6-40)

प्राप्य पुण्यकृतां लोकानुषित्वा शाश्वतीः समाः ।
prāpya puṇyakṛtāṁ lokānuṣitvā śāśvatīḥ samāḥ
शुचीनां श्रीमतां गेहे योगभ्रष्टोऽभिजायते ॥६-४१॥
śucīnāṁ śrīmatāṁ gehe yogabhraṣṭo'bhijāyate (6-41)

अथवा योगिनामेव कुले भवति धीमताम् ।
athavā yogināmeva kule bhavati dhīmatām
एतद्धि दुर्लभतरं लोके जन्म यदीदृशम् ॥६-४२॥
etaddhi durlabhataraṁ loke janma yadīdṛśam (6-42)

तत्र तं बुद्धिसंयोगं लभते पौर्वदेहिकम् ।
tatra taṁ buddhisaṁyogaṁ labhate paurvadehikam
यतते च ततो भूयः संसिद्धौ कुरुनन्दन ॥६-४३॥
yatate ca tato bhūyaḥ saṁsiddhau kurunandana (6-43)

पूर्वाभ्यासेन तेनैव ह्रियते ह्यवशोऽपि सः ।
pūrvābhyāsena tenaiva hriyate hyavaśo'pi saḥ
जिज्ञासुरपि योगस्य शब्दब्रह्मातिवर्तते ॥६-४४॥
jijñāsurapi yogasya śabdabrahmātivartate (6-44)

प्रयत्नाद्यतमानस्तु योगी संशुद्धकिल्बिषः ।
prayatnādyatamānastu yogī saṁśuddhakilbiṣaḥ
अनेकजन्मसंसिद्धस्ततो याति परां गतिम् ॥६-४५॥
anekajanmasaṁsiddhastato yāti parāṁ gatim (6-45)

तपस्विभ्योऽधिको योगी ज्ञानिभ्योऽपि मतोऽधिकः ।
tapasvibhyo'dhiko yogī jñānibhyo'pi mato'dhikaḥ
कर्मिभ्यश्चाधिको योगी तस्माद्योगी भवार्जुन ॥६-४६॥
karmibhyaścādhiko yogī tasmādyogī bhavārjuna (6-46)

योगिनामपि सर्वेषां मद्गतेनान्तरात्मना ।
yogināmapi sarveṣāṁ madgatenāntarātmanā
श्रद्धावान्भजते यो मां स मे युक्ततमो मतः ॥६-४७॥
śraddhāvānbhajate yo māṁ sa me yuktatamo mataḥ (6-47)

ॐ तत्सदिति श्रीमद्भगवद्गीतासूपनिषत्सु
om tatsaditi śrīmadbhagavadgītāsūpaniṣatsu
ब्रह्मविद्यायां योगशास्त्रे श्रीकृष्णार्जुनसंवादे
brahmavidyāyāṁ yogaśāstre śrīkṛṣṇārjunasaṁvāde
ध्यानयोगो नाम षष्ठोऽध्यायः ॥
dhyānayogo nāma ṣaṣṭho'dhyāyaḥ .

~ॐ~ॐ~ॐ~ॐ~ॐ~ॐ~ ॐ~ ॐ~ ॐ~

सप्तमोऽध्यायः - ज्ञानविज्ञानयोगः

saptamo'dhyāyaḥ - jñānavijñānayogaḥ

श्रीभगवानुवाच --
śrībhagavānuvāca --

मय्यासक्तमनाः पार्थ योगं युञ्जन्मदाश्रयः ।
mayyāsaktamanāḥ pārtha yogaṁ yuñjanmadāśrayaḥ
असंशयं समग्रं मां यथा ज्ञास्यसि तच्छृणु ॥७-१॥
asaṁśayaṁ samagraṁ māṁ yathā jñāsyasi tacchṛṇu (7-1)

ज्ञानं तेऽहं सविज्ञानमिदं वक्ष्याम्यशेषतः ।
jñānaṁ te'haṁ savijñānamidaṁ vakṣyāmyaśeṣataḥ
यज्ज्ञात्वा नेह भूयोऽन्यज्ज्ञातव्यमवशिष्यते ॥७-२॥
yajjñātvā neha bhūyo'nyajjñātavyamavaśiṣyate (7-2)

मनुष्याणां सहस्रेषु कश्चिद्यतति सिद्धये ।
manuṣyāṇāṁ sahasreṣu kaścidyatati siddhaye
यततामपि सिद्धानां कश्चिन्मां वेत्ति तत्त्वतः ॥७-३॥
yatatāmapi siddhānāṁ kaścinmāṁ vetti tattvataḥ (7-3)

भूमिरापोऽनलो वायुः खं मनो बुद्धिरेव च ।
bhūmirāpo'nalo vāyuḥ khaṁ mano buddhireva ca
अहङ्कार इतीयं मे भिन्ना प्रकृतिरष्टधा ॥७-४॥
ahaṅkāra itīyaṁ me bhinnā prakṛtiraṣṭadhā (7-4)

अपरेयमितस्त्वन्यां प्रकृतिं विद्धि मे पराम् ।
apareyamitastvanyāṁ prakṛtiṁ viddhi me parām
जीवभूतां महाबाहो ययेदं धार्यते जगत् ॥७-५॥
jīvabhūtāṁ mahābāho yayedaṁ dhāryate jagat (7-5)

एतद्योनीनि भूतानि सर्वाणीत्युपधारय ।
etadyonīni bhūtāni sarvāṇītyupadhāraya
अहं कृत्स्नस्य जगतः प्रभवः प्रलयस्तथा ॥७-६॥
ahaṁ kṛtsnasya jagataḥ prabhavaḥ pralayastathā (7-6)

मत्तः परतरं नान्यत्किञ्चिदस्ति धनञ्जय ।
mattaḥ parataraṁ nānyatkiñcidasti dhanañjaya
मयि सर्वमिदं प्रोतं सूत्रे मणिगणा इव ॥७-७॥
mayi sarvamidaṁ protaṁ sūtre maṇigaṇā iva (7-7)

रसोऽहमप्सु कौन्तेय प्रभास्मि शशिसूर्ययोः ।
raso'hamapsu kaunteya prabhāsmi śaśisūryayoḥ
प्रणवः सर्ववेदेषु शब्दः खे पौरुषं नृषु ॥७-८॥
praṇavaḥ sarvavedeṣu śabdaḥ khe pauruṣaṁ nṛṣu (7-8)

पुण्यो गन्धः पृथिव्यां च तेजश्चास्मि विभावसौ ।
puṇyo gandhaḥ pṛthivyāṁ ca tejaścāsmi vibhāvasau
जीवनं सर्वभूतेषु तपश्चास्मि तपस्विषु ॥७-९॥
jīvanaṁ sarvabhūteṣu tapaścāsmi tapasviṣu (7-9)

बीजं मां सर्वभूतानां विद्धि पार्थ सनातनम् ।
bījaṁ māṁ sarvabhūtānāṁ viddhi pārtha sanātanam
बुद्धिर्बुद्धिमतामस्मि तेजस्तेजस्विनामहम् ॥७-१०॥
buddhirbuddhimatāmasmi tejastejasvināmaham (7-10)

बलं बलवतां चाहं कामरागविवर्जितम् ।
balaṁ balavatāṁ cāhaṁ kāmarāgavivarjitam
धर्माविरुद्धो भूतेषु कामोऽस्मि भरतर्षभ ॥७-११॥
dharmāviruddho bhūteṣu kāmo'smi bharatarṣabha (7-11)

ये चैव सात्त्विका भावा राजसास्तामसाश्च ये ।
ye caiva sāttvikā bhāvā rājasāstāmasāśca ye
मत्त एवेति तान्विद्धि न त्वहं तेषु ते मयि ॥७-१२॥
matta eveti tānviddhi na tvahaṁ teṣu te mayi (7-12)

त्रिभिर्गुणमयैर्भावैरेभिः सर्वमिदं जगत् ।
tribhirguṇamayairbhāvairebhiḥ sarvamidaṁ jagat
मोहितं नाभिजानाति मामेभ्यः परमव्ययम् ॥७-१३॥
mohitaṁ nābhijānāti māmebhyaḥ paramavyayam (7-13)

दैवी ह्येषा गुणमयी मम माया दुरत्यया ।
daivī hyeṣā guṇamayī mama māyā duratyayā
मामेव ये प्रपद्यन्ते मायामेतां तरन्ति ते ॥७-१४॥
māmeva ye prapadyante māyāmetāṁ taranti te (7-14)

न मां दुष्कृतिनो मूढाः प्रपद्यन्ते नराधमाः ।
na māṁ duṣkṛtino mūḍhāḥ prapadyante narādhamāḥ
माययापहृतज्ञाना आसुरं भावमाश्रिताः ॥७-१५॥
māyayāpahṛtajñānā āsuraṁ bhāvamāśritāḥ (7-15)

चतुर्विधा भजन्ते मां जनाः सुकृतिनोऽर्जुन ।
caturvidhā bhajante māṁ janāḥ sukṛtino'rjuna
आर्तो जिज्ञासुरर्थार्थी ज्ञानी च भरतर्षभ ॥७-१६॥
ārto jijñāsurarthārthī jñānī ca bharatarṣabha (7-16)

तेषां ज्ञानी नित्ययुक्त एकभक्तिर्विशिष्यते ।
teṣāṁ jñānī nityayukta ekabhaktirviśiṣyate
प्रियो हि ज्ञानिनोऽत्यर्थमहं स च मम प्रियः ॥७-१७॥
priyo hi jñānino'tyarthamahaṁ sa ca mama priyaḥ (7-17)

उदाराः सर्व एवैते ज्ञानी त्वात्मैव मे मतम् ।
udārāḥ sarva evaite jñānī tvātmaiva me matam
आस्थितः स हि युक्तात्मा मामेवानुत्तमां गतिम् ॥७-१८॥
āsthitaḥ sa hi yuktātmā māmevānuttamāṁ gatim (7-18)

बहूनां जन्मनामन्ते ज्ञानवान्मां प्रपद्यते ।
bahūnāṁ janmanāmante jñānavānmāṁ prapadyate
वासुदेवः सर्वमिति स महात्मा सुदुर्लभः ॥७-१९॥
vāsudevaḥ sarvamiti sa mahātmā sudurlabhaḥ (7-19)

कामैस्तैस्तैर्हृतज्ञानाः प्रपद्यन्तेऽन्यदेवताः ।
kāmaistaistairhṛtajñānāḥ prapadyante'nyadevatāḥ
तं तं नियममास्थाय प्रकृत्या नियताः स्वया ॥७-२०॥
taṁ taṁ niyamamāsthāya prakṛtyā niyatāḥ svayā (7-20)

यो यो यां यां तनुं भक्तः श्रद्धयार्चितुमिच्छति ।
yo yo yāṁ yāṁ tanuṁ bhaktaḥ śraddhayārcitumicchati
तस्य तस्याचलां श्रद्धां तामेव विदधाम्यहम् ॥७-२१॥
tasya tasyācalāṁ śraddhāṁ tāmeva vidadhāmyaham (7-21)

स तया श्रद्धया युक्तस्तस्याराधनमीहते ।
sa tayā śraddhayā yuktastasyārādhanamīhate
लभते च ततः कामान्मयैव विहितान्हि तान् ॥७-२२॥
labhate ca tataḥ kāmānmayaiva vihitānhi tān (7-22)

अन्तवत्तु फलं तेषां तद्भवत्यल्पमेधसाम् ।
antavattu phalaṁ teṣāṁ tadbhavatyalpamedhasām
देवान्देवयजो यान्ति मद्भक्ता यान्ति मामपि ॥७-२३॥
devāndevayajo yānti madbhaktā yānti māmapi (7-23)

अव्यक्तं व्यक्तिमापन्नं मन्यन्ते मामबुद्धयः ।
avyaktaṁ vyaktimāpannaṁ manyante māmabuddhayaḥ
परं भावमजानन्तो ममाव्ययमनुत्तमम् ॥७-२४॥
paraṁ bhāvamajānanto mamāvyayamanuttamam (7-24)

नाहं प्रकाशः सर्वस्य योगमायासमावृतः ।
nāhaṁ prakāśaḥ sarvasya yogamāyāsamāvṛtaḥ
मूढोऽयं नाभिजानाति लोको मामजमव्ययम् ॥७-२५॥
mūḍho'yaṁ nābhijānāti loko māmajamavyayam (7-25)

वेदाहं समतीतानि वर्तमानानि चार्जुन ।
vedāhaṁ samatītāni vartamānāni cārjuna
भविष्याणि च भूतानि मां तु वेद न कश्चन ॥७-२६॥
bhaviṣyāṇi ca bhūtāni māṁ tu veda na kaścana (7-26)

इच्छाद्वेषसमुत्थेन द्वन्द्वमोहेन भारत ।
icchādveṣasamutthena dvandvamohena bhārata
सर्वभूतानि सम्मोहं सर्गे यान्ति परन्तप ॥७-२७॥
sarvabhūtāni sammohaṁ sarge yānti parantapa (7-27)

येषां त्वन्तगतं पापं जनानां पुण्यकर्मणाम् ।
yeṣāṁ tvantagataṁ pāpaṁ janānāṁ puṇyakarmaṇām
ते द्वन्द्वमोहनिर्मुक्ता भजन्ते मां दृढव्रताः ॥७-२८॥
te dvandvamohanirmuktā bhajante māṁ dṛḍhavratāḥ (7-28)

जरामरणमोक्षाय मामाश्रित्य यतन्ति ये ।
jarāmaraṇamokṣāya māmāśritya yatanti ye
ते ब्रह्म तद्विदुः कृत्स्नमध्यात्मं कर्म चाखिलम् ॥७-२९॥
te brahma tadviduḥ kṛtsnamadhyātmaṁ karma cākhilam (7-29)

साधिभूताधिदैवं मां साधियज्ञं च ये विदुः ।
sādhibhūtādhidaivaṁ māṁ sādhiyajñaṁ ca ye viduḥ
प्रयाणकालेऽपि च मां ते विदुर्युक्तचेतसः ॥७-३०॥
prayāṇakāle'pi ca māṁ te viduryuktacetasaḥ (7-30)

ॐ तत्सदिति श्रीमद्भगवद्गीतासूपनिषत्सु
om tatsaditi śrīmadbhagavadgītāsūpaniṣatsu
ब्रह्मविद्यायां योगशास्त्रे श्रीकृष्णार्जुनसंवादे
brahmavidyāyāṁ yogaśāstre śrīkṛṣṇārjunasaṁvāde
ज्ञानविज्ञानयोगो नाम सप्तमोऽध्यायः ॥
jñānavijñānayogo nāma saptamo'dhyāyaḥ .

~ॐ~ॐ~ॐ~ॐ~ॐ~ॐ~ ॐ~ ॐ~ ॐ~

अष्टमोऽध्यायः - अक्षरब्रह्मयोगः

aṣṭamo'dhyāyaḥ - akṣarabrahmayogaḥ

अर्जुन उवाच --
arjuna uvāca --

किं तद् ब्रह्म किमध्यात्मं किं कर्म पुरुषोत्तम ।
kiṁ tad brahma kimadhyātmaṁ kiṁ karma puruṣottama
अधिभूतं च किं प्रोक्तमधिदैवं किमुच्यते ॥८-१॥
adhibhūtaṁ ca kiṁ proktamadhidaivaṁ kimucyate (8-1)

अधियज्ञः कथं कोऽत्र देहेऽस्मिन्मधुसूदन ।
adhiyajñaḥ kathaṁ ko'tra dehe'sminmadhusūdana
प्रयाणकाले च कथं ज्ञेयोऽसि नियतात्मभिः ॥८-२॥
prayāṇakāle ca kathaṁ jñeyo'si niyatātmabhiḥ (8-2)

श्रीभगवानुवाच --
śrībhagavānuvāca --

अक्षरं ब्रह्म परमं स्वभावोऽध्यात्ममुच्यते ।
akṣaraṁ brahma paramaṁ svabhāvo'dhyātmamucyate
भूतभावोद्भवकरो विसर्गः कर्मसंज्ञितः ॥८-३॥
bhūtabhāvodbhavakaro visargaḥ karmasaṁjñitaḥ (8-3)

अधिभूतं क्षरो भावः पुरुषश्चाधिदैवतम् ।
adhibhūtaṁ kṣaro bhāvaḥ puruṣaścādhidaivatam
अधियज्ञोऽहमेवात्र देहे देहभृतां वर ॥८-४॥
adhiyajño'hamevātra dehe dehabhṛtāṁ vara (8-4)

अन्तकाले च मामेव स्मरन्मुक्त्वा कलेवरम् ।
antakāle ca māmeva smaranmuktvā kalevaram
यः प्रयाति स मद्भावं याति नास्त्यत्र संशयः ॥८-५॥
yaḥ prayāti sa madbhāvaṁ yāti nāstyatra saṁśayaḥ (8-5)

यं यं वापि स्मरन्भावं त्यजत्यन्ते कलेवरम् ।
yaṁ yaṁ vāpi smaranbhāvaṁ tyajatyante kalevaram
तं तमेवैति कौन्तेय सदा तद्भावभावितः ॥८-६॥
taṁ tamevaiti kaunteya sadā tadbhāvabhāvitaḥ (8-6)

तस्मात्सर्वेषु कालेषु मामनुस्मर युध्य च ।
tasmātsarveṣu kāleṣu māmanusmara yudhya ca
मय्यर्पितमनोबुद्धिर्मामेवैष्यस्यसंशयः ॥८-७ ॥
mayyarpitamanobuddhirmāmevaiṣyasyasaṁśayaḥ (8-7)

अभ्यासयोगयुक्तेन चेतसा नान्यगामिना ।
abhyāsayogayuktena cetasā nānyagāminā
परमं पुरुषं दिव्यं याति पार्थानुचिन्तयन् ॥८-८॥
paramaṁ puruṣaṁ divyaṁ yāti pārthānucintayan (8-8)

कविं पुराणमनुशासितार मणोरणीयंसमनुस्मरेद्यः ।
kaviṁ purāṇamanuśāsitāra maṇoraṇīyaṁsamanusmaredyaḥ
सर्वस्य धातारमचिन्त्यरूपमादित्यवर्णं तमसः परस्तात् ॥८-९॥
sarvasya dhātāramacintyarūpamādityavarṇaṁ tamasaḥ parastāt (8-9)
प्रयाणकाले मनसाऽचलेन भक्त्या युक्तो योगबलेन चैव ।
prayāṇakāle manasā'calena bhaktyā yukto yogabalena caiva
भ्रुवोर्मध्ये प्राणमावेश्य सम्यक् स तं परं पुरुषमुपैति दिव्यम् ॥८-१०॥
bhruvormadhye prāṇamāveśya samyak
sa taṁ paraṁ puruṣamupaiti divyam (8-10)

यदक्षरं वेदविदो वदन्ति विशन्ति यद्यतयो वीतरागाः ।
yadakṣaraṁ vedavido vadanti viśanti yadyatayo vītarāgāḥ
यदिच्छन्तो ब्रह्मचर्यं चरन्ति तत्ते पदं सङ्ग्रहेण प्रवक्ष्ये ॥८-११॥
yadicchanto brahmacaryaṁ caranti
tatte padaṁ saṅgraheṇa pravakṣye (8-11)

सर्वद्वाराणि संयम्य मनो हृदि निरुध्य च ।
sarvadvārāṇi saṁyamya mano hṛdi nirudhya ca
मूर्ध्न्याधायात्मनः प्राणमास्थितो योगधारणाम् ॥८-१२॥
mūrdhnyādhāyātmanaḥ prāṇamāsthito yogadhāraṇām (8-12)
ओमित्येकाक्षरं ब्रह्म व्याहरन्मामनुस्मरन् ।
omityekākṣaraṁ brahma vyāharanmāmanusmaran
यः प्रयाति त्यजन्देहं स याति परमां गतिम् ॥८-१३॥
yaḥ prayāti tyajandehaṁ sa yāti paramāṁ gatim (8-13)

अनन्यचेताः सततं यो मां स्मरति नित्यशः ।
ananyacetāḥ satataṁ yo māṁ smarati nityaśaḥ
तस्याहं सुलभः पार्थ नित्ययुक्तस्य योगिनः ॥८-१४॥
tasyāhaṁ sulabhaḥ pārtha nityayuktasya yoginaḥ (8-14)

मामुपेत्य पुनर्जन्म दुःखालयमशाश्वतम् ।
māmupetya punarjanma duḥkhālayamaśāśvatam
नाप्नुवन्ति महात्मानः संसिद्धिं परमां गताः ॥८-१५॥
nāpnuvanti mahātmānaḥ saṁsiddhiṁ paramāṁ gatāḥ (8-15)

आब्रह्मभुवनाल्लोकाः पुनरावर्तिनोऽर्जुन ।
ābrahmabhuvanāllokāḥ punarāvartino'rjuna
मामुपेत्य तु कौन्तेय पुनर्जन्म न विद्यते ॥८-१६॥
māmupetya tu kaunteya punarjanma na vidyate (8-16)

सहस्रयुगपर्यन्तमहर्यद् ब्रह्मणो विदुः ।
sahasrayugaparyantamaharyad brahmaṇo viduḥ
रात्रिं युगसहस्रान्तां तेऽहोरात्रविदो जनाः ॥८-१७॥
rātriṁ yugasahasrāntāṁ te'horātravido janāḥ (8-17)

अव्यक्ताद् व्यक्तयः सर्वाः प्रभवन्त्यहरागमे ।
avyaktād vyaktayaḥ sarvāḥ prabhavantyaharāgame
रात्र्यागमे प्रलीयन्ते तत्रैवाव्यक्तसंज्ञके ॥८-१८॥
rātryāgame pralīyante tatraivāvyaktasaṁjñake (8-18)

भूतग्रामः स एवायं भूत्वा भूत्वा प्रलीयते ।
bhūtagrāmaḥ sa evāyaṁ bhūtvā bhūtvā pralīyate
रात्र्यागमेऽवशः पार्थ प्रभवत्यहरागमे ॥८-१९॥
rātryāgame'vaśaḥ pārtha prabhavatyaharāgame (8-19)

परस्तस्मात्तु भावोऽन्योऽव्यक्तोऽव्यक्तात्सनातनः ।
parastasmāttu bhāvo'nyo'vyakto'vyaktātsanātanaḥ
यः स सर्वेषु भूतेषु नश्यत्सु न विनश्यति ॥८-२०॥
yaḥ sa sarveṣu bhūteṣu naśyatsu na vinaśyati (8-20)

अव्यक्तोऽक्षर इत्युक्तस्तमाहुः परमां गतिम् ।
avyakto'kṣara ityuktastamāhuḥ paramāṁ gatim
यं प्राप्य न निवर्तन्ते तद्धाम परमं मम ॥८-२१॥
yaṁ prāpya na nivartante taddhāma paramaṁ mama (8-21)

पुरुषः स परः पार्थ भक्त्या लभ्यस्त्वनन्यया ।
puruṣaḥ sa paraḥ pārtha bhaktyā labhyastvananyayā
यस्यान्तःस्थानि भूतानि येन सर्वमिदं ततम् ॥८-२२॥
yasyāntaḥsthāni bhūtāni yena sarvamidaṁ tatam (8-22)

यत्र काले त्वनावृत्तिमावृत्तिं चैव योगिनः ।
yatra kāle tvanāvṛttimāvṛttiṁ caiva yoginaḥ
प्रयाता यान्ति तं कालं वक्ष्यामि भरतर्षभ ॥८-२३॥
prayātā yānti taṁ kālaṁ vakṣyāmi bharatarṣabha (8-23)

अग्निर्ज्योतिरहः शुक्लः षण्मासा उत्तरायणम् ।
agnirjyotirahaḥ śuklaḥ ṣaṇmāsā uttarāyaṇam
तत्र प्रयाता गच्छन्ति ब्रह्म ब्रह्मविदो जनाः ॥८-२४॥
tatra prayātā gacchanti brahma brahmavido janāḥ (8-24)

धूमो रात्रिस्तथा कृष्णः षण्मासा दक्षिणायनम् ।
dhūmo rātristathā kṛṣṇaḥ ṣaṇmāsā dakṣiṇāyanam
तत्र चान्द्रमसं ज्योतिर्योगी प्राप्य निवर्तते ॥८-२५॥
tatra cāndramasaṁ jyotiryogī prāpya nivartate (8-25)

शुक्लकृष्णे गती ह्येते जगतः शाश्वते मते ।
śuklakṛṣṇe gatī hyete jagataḥ śāśvate mate
एकया यात्यनावृत्तिमन्ययावर्तते पुनः ॥८-२६॥
ekayā yātyanāvṛttimanyayāvartate punaḥ (8-26)

नैते सृती पार्थ जानन्योगी मुह्यति कश्चन ।
naite sṛtī pārtha jānanyogī muhyati kaścana
तस्मात्सर्वेषु कालेषु योगयुक्तो भवार्जुन ॥८-२७॥
tasmātsarveṣu kāleṣu yogayukto bhavārjuna (8-27)

वेदेषु यज्ञेषु तपःसु चैव दानेषु यत्पुण्यफलं प्रदिष्टम् ।
vedeṣu yajñeṣu tapaḥsu caiva dāneṣu yatpuṇyaphalaṁ pradiṣṭam
अत्येति तत्सर्वमिदं विदित्वा योगी परं स्थानमुपैति चाद्यम् ॥८-२८॥
atyeti tatsarvamidaṁ viditvā yogī paraṁ sthānamupaiti cādyam (8-28)

ॐ तत्सदिति श्रीमद्भगवद्गीतासूपनिषत्सु
om tatsaditi śrīmadbhagavadgītāsūpaniṣatsu
ब्रह्मविद्यायां योगशास्त्रे श्रीकृष्णार्जुनसंवादे
brahmavidyāyāṁ yogaśāstre śrīkṛṣṇārjunasaṁvāde
अक्षरब्रह्मयोगो नामाष्टमोऽध्यायः ॥
akṣarabrahmayogo nāmāṣṭamo'dhyāyaḥ .

~ॐ~ॐ~ॐ~ॐ~ॐ~ॐ~ ॐ~ ॐ~ ॐ~

नवमोऽध्यायः - राजविद्याराजगुह्ययोगः

navamo'dhyāyaḥ - rājavidyārājaguhyayogaḥ

श्रीभगवानुवाच --
śrībhagavānuvāca –

इदं तु ते गुह्यतमं प्रवक्ष्याम्यनसूयवे ।
idaṁ tu te guhyatamaṁ pravakṣyāmyanasūyave
ज्ञानं विज्ञानसहितं यज्ज्ञात्वा मोक्ष्यसेऽशुभात् ॥९-१॥
jñānaṁ vijñānasahitaṁ yajjñātvā mokṣyase'śubhāt (9-1)

राजविद्या राजगुह्यं पवित्रमिदमुत्तमम् ।
rājavidyā rājaguhyaṁ pavitramidamuttamam
प्रत्यक्षावगमं धर्म्यं सुसुखं कर्तुमव्ययम् ॥९-२॥
pratyakṣāvagamaṁ dharmyaṁ susukhaṁ kartumavyayam (9-2)

अश्रद्दधानाः पुरुषा धर्मस्यास्य परन्तप ।
aśraddadhānāḥ puruṣā dharmasyāsya parantapa
अप्राप्य मां निवर्तन्ते मृत्युसंसारवर्त्मनि ॥९-३॥
aprāpya māṁ nivartante mṛtyusaṁsāravartmani (9-3)

मया ततमिदं सर्वं जगदव्यक्तमूर्तिना ।
mayā tatamidaṁ sarvaṁ jagadavyaktamūrtinā
मत्स्थानि सर्वभूतानि न चाहं तेष्ववस्थितः ॥९-४॥
matsthāni sarvabhūtāni na cāhaṁ teṣvavasthitaḥ (9-4)

न च मत्स्थानि भूतानि पश्य मे योगमैश्वरम् ।
na ca matsthāni bhūtāni paśya me yogamaiśvaram
भूतभृन्न च भूतस्थो ममात्मा भूतभावनः ॥९-५॥
bhūtabhṛnna ca bhūtastho mamātmā bhūtabhāvanaḥ (9-5)

यथाकाशस्थितो नित्यं वायुः सर्वत्रगो महान् ।
yathākāśasthito nityaṁ vāyuḥ sarvatrago mahān
तथा सर्वाणि भूतानि मत्स्थानीत्युपधारय ॥९-६॥
tathā sarvāṇi bhūtāni matsthānītyupadhāraya (9-6)

सर्वभूतानि कौन्तेय प्रकृतिं यान्ति मामिकाम् ।
sarvabhūtāni kaunteya prakṛtiṁ yānti māmikām
कल्पक्षये पुनस्तानि कल्पादौ विसृजाम्यहम् ॥९-७॥
kalpakṣaye punastāni kalpādau visṛjāmyaham (9-7)

प्रकृतिं स्वामवष्टभ्य विसृजामि पुनः पुनः ।
prakṛtiṁ svāmavaṣṭabhya visṛjāmi punaḥ punaḥ
भूतग्राममिमं कृत्स्नमवशं प्रकृतेर्वशात् ॥९-८॥
bhūtagrāmamimaṁ kṛtsnamavaśaṁ prakṛtervaśāt (9-8)

न च मां तानि कर्माणि निबध्नन्ति धनञ्जय ।
na ca māṁ tāni karmāṇi nibadhnanti dhanañjaya
उदासीनवदासीनमसक्तं तेषु कर्मसु ॥९-९॥
udāsīnavadāsīnamasaktaṁ teṣu karmasu (9-9)

मयाध्यक्षेण प्रकृतिः सूयते सचराचरम् ।
mayādhyakṣeṇa prakṛtiḥ sūyate sacarācaram
हेतुनानेन कौन्तेय जगद्विपरिवर्तते ॥९-१०॥
hetunānena kaunteya jagadviparivartate (9-10)

अवजानन्ति मां मूढा मानुषीं तनुमाश्रितम् ।
avajānanti māṁ mūḍhā mānuṣīṁ tanumāśritam
परं भावमजानन्तो मम भूतमहेश्वरम् ॥९-११॥
paraṁ bhāvamajānanto mama bhūtamaheśvaram (9-11)

मोघाशा मोघकर्माणो मोघज्ञाना विचेतसः ।
moghāśā moghakarmāṇo moghajñānā vicetasaḥ
राक्षसीमासुरीं चैव प्रकृतिं मोहिनीं श्रिताः ॥९-१२॥
rākṣasīmāsurīṁ caiva prakṛtiṁ mohinīṁ śritāḥ (9-12)

महात्मानस्तु मां पार्थ दैवीं प्रकृतिमाश्रिताः ।
mahātmānastu māṁ pārtha daivīṁ prakṛtimāśritāḥ
भजन्त्यनन्यमनसो ज्ञात्वा भूतादिमव्ययम् ॥९-१३॥
bhajantyananyamanaso jñātvā bhūtādimavyayam (9-13)

सततं कीर्तयन्तो मां यतन्तश्च दृढव्रताः ।
satataṁ kīrtayanto māṁ yatantaśca dṛḍhavratāḥ
नमस्यन्तश्च मां भक्त्या नित्ययुक्ता उपासते ॥९-१४॥
namasyantaśca māṁ bhaktyā nityayuktā upāsate (9-14)

ज्ञानयज्ञेन चाप्यन्ये यजन्तो मामुपासते ।
jñānayajñena cāpyanye yajanto māmupāsate
एकत्वेन पृथक्त्वेन बहुधा विश्वतोमुखम् ॥९-१५॥
ekatvena pṛthaktvena bahudhā viśvatomukham (9-15)

अहं क्रतुरहं यज्ञः स्वधाहमहमौषधम् ।
ahaṁ kraturahaṁ yajñaḥ svadhāhamahamauṣadham
मन्त्रोऽहमहमेवाज्यमहमग्निरहं हुतम् ॥९-१६॥
mantro'hamahamevājyamahamagnirahaṁ hutam (9-16)

पिताहमस्य जगतो माता धाता पितामहः ।
pitāhamasya jagato mātā dhātā pitāmahaḥ
वेद्यं पवित्रमोङ्कार ऋक्साम यजुरेव च ॥९-१७॥
vedyaṁ pavitramoṅkāra ṛksāma yajureva ca (9-17)

गतिर्भर्ता प्रभुः साक्षी निवासः शरणं सुहृत् ।
gatirbhartā prabhuḥ sākṣī nivāsaḥ śaraṇaṁ suhṛt
प्रभवः प्रलयः स्थानं निधानं बीजमव्ययम् ॥९-१८॥
prabhavaḥ pralayaḥ sthānaṁ nidhānaṁ bījamavyayam (9-18)

तपाम्यहमहं वर्षं निगृह्णाम्युत्सृजामि च ।
tapāmyahamahaṁ varṣaṁ nigṛhṇāmyutsṛjāmi ca
अमृतं चैव मृत्युश्च सदसच्चाहमर्जुन ॥९-१९॥
amṛtaṁ caiva mṛtyuśca sadasaccāhamarjuna (9-19)

त्रैविद्या मां सोमपाः पूतपापा
traividyā māṁ somapāḥ pūtapāpā
यज्ञैरिष्ट्वा स्वर्गतिं प्रार्थयन्ते ।
yajñairiṣṭvā svargatiṁ prārthayante
ते पुण्यमासाद्य सुरेन्द्रलोक-
te puṇyamāsādya surendraloka-
मश्नन्ति दिव्यान्दिवि देवभोगान् ॥९-२०॥
maśnanti divyāndivi devabhogān (9-20)

ते तं भुक्त्वा स्वर्गलोकं विशालं
te taṁ bhuktvā svargalokaṁ viśālaṁ
क्षीणे पुण्ये मर्त्यलोकं विशन्ति ।
kṣīṇe puṇye martyalokaṁ viśanti

एवं त्रयीधर्ममनुप्रपन्ना

evaṁ trayīdharmamanuprapannā

गतागतं कामकामा लभन्ते ॥९-२१॥

gatāgataṁ kāmakāmā labhante (9-21)

अनन्याश्चिन्तयन्तो मां ये जनाः पर्युपासते ।

ananyāścintayanto māṁ ye janāḥ paryupāsate

तेषां नित्याभियुक्तानां योगक्षेमं वहाम्यहम् ॥९-२२॥

teṣāṁ nityābhiyuktānāṁ yogakṣemaṁ vahāmyaham (9-22)

येऽप्यन्यदेवता भक्ता यजन्ते श्रद्धयान्विताः ।

ye'pyanyadevatā bhaktā yajante śraddhayānvitāḥ

तेऽपि मामेव कौन्तेय यजन्त्यविधिपूर्वकम् ॥९-२३॥

te'pi māmeva kaunteya yajantyavidhipūrvakam (9-23)

अहं हि सर्वयज्ञानां भोक्ता च प्रभुरेव च ।

ahaṁ hi sarvayajñānāṁ bhoktā ca prabhureva ca

न तु मामभिजानन्ति तत्त्वेनातश्च्यवन्ति ते ॥९-२४॥

na tu māmabhijānanti tattvenātaścyavanti te (9-24)

यान्ति देवव्रता देवान्पितृन्यान्ति पितृव्रताः ।

yānti devavratā devānpitṝnyānti pitṛvratāḥ

भूतानि यान्ति भूतेज्या यान्ति मद्याजिनोऽपि माम् ॥९-२५॥

bhūtāni yānti bhūtejyā yānti madyājino'pi mām (9-25)

पत्रं पुष्पं फलं तोयं यो मे भक्त्या प्रयच्छति ।

patraṁ puṣpaṁ phalaṁ toyaṁ yo me bhaktyā prayacchati

तदहं भक्त्युपहृतमश्नामि प्रयतात्मनः ॥९-२६॥

tadahaṁ bhaktyupahṛtamaśnāmi prayatātmanaḥ (9-26)

यत्करोषि यदश्नासि यज्जुहोषि ददासि यत् ।

yatkaroṣi yadaśnāsi yajjuhoṣi dadāsi yat

यत्तपस्यसि कौन्तेय तत्कुरुष्व मदर्पणम् ॥९-२७॥

yattapasyasi kaunteya tatkuruṣva madarpaṇam (9-27)

शुभाशुभफलैरेवं मोक्ष्यसे कर्मबन्धनैः ।

śubhāśubhaphalairevaṁ mokṣyase karmabandhanaiḥ

संन्यासयोगयुक्तात्मा विमुक्तो मामुपैष्यसि ॥९-२८॥

saṁnyāsayogayuktātmā vimukto māmupaiṣyasi (9-28)

समोऽहं सर्वभूतेषु न मे द्वेष्योऽस्ति न प्रियः ।
samo'haṁ sarvabhūteṣu na me dveṣyo'sti na priyaḥ
ये भजन्ति तु मां भक्त्या मयि ते तेषु चाप्यहम् ॥९-२९॥
ye bhajanti tu māṁ bhaktyā mayi te teṣu cāpyaham (9-29)

अपि चेत्सुदुराचारो भजते मामनन्यभाक् ।
api cetsudurācāro bhajate māmananyabhāk
साधुरेव स मन्तव्यः सम्यग्व्यवसितो हि सः ॥९-३०॥
sādhureva sa mantavyaḥ samyagvyavasito hi saḥ (9-30)

क्षिप्रं भवति धर्मात्मा शश्वच्छान्तिं निगच्छति ।
kṣipraṁ bhavati dharmātmā śaśvacchāntiṁ nigacchati
कौन्तेय प्रतिजानीहि न मे भक्तः प्रणश्यति ॥९-३१॥
kaunteya pratijānīhi na me bhaktaḥ praṇaśyati (9-31)

मां हि पार्थ व्यपाश्रित्य येऽपि स्युः पापयोनयः ।
māṁ hi pārtha vyapāśritya ye'pi syuḥ pāpayonayaḥ
स्त्रियो वैश्यास्तथा शूद्रास्तेऽपि यान्ति परां गतिम् ॥९-३२॥
striyo vaiśyāstathā śūdrāste'pi yānti parāṁ gatim (9-32)
किं पुनर्ब्राह्मणाः पुण्या भक्ता राजर्षयस्तथा ।
kiṁ punarbrāhmaṇāḥ puṇyā bhaktā rājarṣayastathā
अनित्यमसुखं लोकमिमं प्राप्य भजस्व माम् ॥९-३३॥
anityamasukhaṁ lokamimaṁ prāpya bhajasva mām (9-33)

मन्मना भव मद्भक्तो मद्याजी मां नमस्कुरु ।
manmanā bhava madbhakto madyājī māṁ namaskuru
मामेवैष्यसि युक्त्वैवमात्मानं मत्परायणः ॥९-३४॥
māmevaiṣyasi yuktvaivamātmānaṁ matparāyaṇaḥ (9-34)

ॐ तत्सदिति श्रीमद्भगवद्गीतासूपनिषत्सु
om tatsaditi śrīmadbhagavadgītāsūpaniṣatsu
ब्रह्मविद्यायां योगशास्त्रे श्रीकृष्णार्जुनसंवादे
brahmavidyāyāṁ yogaśāstre śrīkṛṣṇārjunasaṁvāde
राजविद्याराजगुह्ययोगो नाम नवमोऽध्यायः ॥
rājavidyārājaguhyayogo nāma navamo'dhyāyaḥ .

~ॐ~ॐ~ॐ~ॐ~ॐ~ॐ~ ॐ~ ॐ~ ॐ~

दशमोऽध्यायः - विभूतियोगः
daśamo'dhyāyaḥ - vibhūtiyogaḥ

श्रीभगवानुवाच --
śrībhagavānuvāca --

भूय एव महाबाहो श्रृणु मे परमं वचः ।
bhūya eva mahābāho śṛṇu me paramaṁ vacaḥ
यत्तेऽहं प्रीयमाणाय वक्ष्यामि हितकाम्यया ॥१०-१॥
yatte'haṁ prīyamāṇāya vakṣyāmi hitakāmyayā (10-1)

न मे विदुः सुरगणाः प्रभवं न महर्षयः ।
na me viduḥ suragaṇāḥ prabhavaṁ na maharṣayaḥ
अहमादिर्हि देवानां महर्षीणां च सर्वशः ॥१०-२॥
ahamādirhi devānāṁ maharṣīṇāṁ ca sarvaśaḥ (10-2)

यो मामजमनादिं च वेत्ति लोकमहेश्वरम् ।
yo māmajamanādiṁ ca vetti lokamaheśvaram
असम्मूढः स मर्त्येषु सर्वपापैः प्रमुच्यते ॥१०-३॥
asammūḍhaḥ sa martyeṣu sarvapāpaiḥ pramucyate (10-3)

बुद्धिर्ज्ञानमसम्मोहः क्षमा सत्यं दमः शमः ।
buddhirjñānamasammohaḥ kṣamā satyaṁ damaḥ śamaḥ
सुखं दुःखं भवोऽभावो भयं चाभयमेव च ॥१०-४॥
sukhaṁ duḥkhaṁ bhavo'bhāvo bhayaṁ cābhayameva ca (10-4)
अहिंसा समता तुष्टिस्तपो दानं यशोऽयशः ।
ahiṁsā samatā tuṣṭistapo dānaṁ yaśo'yaśaḥ
भवन्ति भावा भूतानां मत्त एव पृथग्विधाः ॥१०-५॥
bhavanti bhāvā bhūtānāṁ matta eva pṛthagvidhāḥ (10-5)

महर्षयः सप्त पूर्वे चत्वारो मनवस्तथा ।
maharṣayaḥ sapta pūrve catvāro manavastathā
मद्भावा मानसा जाता येषां लोक इमाः प्रजाः ॥१०-६॥
madbhāvā mānasā jātā yeṣāṁ loka imāḥ prajāḥ (10-6)

एतां विभूतिं योगं च मम यो वेत्ति तत्त्वतः ।
etāṁ vibhūtiṁ yogaṁ ca mama yo vetti tattvataḥ
सोऽविकम्पेन योगेन युज्यते नात्र संशयः ॥१०-७॥
so'vikampena yogena yujyate nātra saṁśayaḥ (10-7)

अहं सर्वस्य प्रभवो मत्तः सर्वं प्रवर्तते ।
aham sarvasya prabhavo mattaḥ sarvaṁ pravartate
इति मत्वा भजन्ते मां बुधा भावसमन्विताः ॥१०-८॥
iti matvā bhajante māṁ budhā bhāvasamanvitāḥ (10-8)

मच्चित्ता मद्गतप्राणा बोधयन्तः परस्परम् ।
maccittā madgataprāṇā bodhayantaḥ parasparam
कथयन्तश्च मां नित्यं तुष्यन्ति च रमन्ति च ॥१०-९॥
kathayantaśca māṁ nityaṁ tuṣyanti ca ramanti ca (10-9)

तेषां सततयुक्तानां भजतां प्रीतिपूर्वकम् ।
teṣāṁ satatayuktānāṁ bhajatāṁ prītipūrvakam
ददामि बुद्धियोगं तं येन मामुपयान्ति ते ॥१०-१०॥
dadāmi buddhiyogaṁ taṁ yena māmupayānti te (10-10)

तेषामेवानुकम्पार्थमहमज्ञानजं तमः ।
teṣāmevānukampārthamahamajñānajaṁ tamaḥ
नाशयाम्यात्मभावस्थो ज्ञानदीपेन भास्वता ॥१०-११॥
nāśayāmyātmabhāvastho jñānadīpena bhāsvatā (10-11)

अर्जुन उवाच --
arjuna uvāca --

परं ब्रह्म परं धाम पवित्रं परमं भवान् ।
paraṁ brahma paraṁ dhāma pavitraṁ paramaṁ bhavān
पुरुषं शाश्वतं दिव्यमादिदेवमजं विभुम् ॥१०-१२॥
puruṣaṁ śāśvataṁ divyamādidevamajaṁ vibhum (10-12)
आहुस्त्वामृषयः सर्वे देवर्षिर्नारदस्तथा ।
āhustvāmṛṣayaḥ sarve devarṣirnāradastathā
असितो देवलो व्यासः स्वयं चैव ब्रवीषि मे ॥१०-१३॥
asito devalo vyāsaḥ svayaṁ caiva bravīṣi me (10-13)

सर्वमेतदृतं मन्ये यन्मां वदसि केशव ।
sarvametadṛtaṁ manye yanmāṁ vadasi keśava
न हि ते भगवन्व्यक्तिं विदुर्देवा न दानवाः ॥१०-१४॥
na hi te bhagavanvyaktiṁ vidurdevā na dānavāḥ (10-14)

स्वयमेवात्मनात्मानं वेत्थ त्वं पुरुषोत्तम ।
svayamevātmanātmānaṁ vettha tvaṁ puruṣottama
भूतभावन भूतेश देवदेव जगत्पते ॥१०-१५॥
bhūtabhāvana bhūteśa devadeva jagatpate (10-15)

वक्तुमर्हस्यशेषेण दिव्या ह्यात्मविभूतयः ।
vaktumarhasyaśeṣeṇa divyā hyātmavibhūtayaḥ
याभिर्विभूतिभिर्लोकानिमांस्त्वं व्याप्य तिष्ठसि ॥१०-१६॥
yābhirvibhūtibhirlokānimāṁstvaṁ vyāpya tiṣṭhasi (10-16)

कथं विद्यामहं योगिंस्त्वां सदा परिचिन्तयन् ।
kathaṁ vidyāmahaṁ yogiṁstvāṁ sadā paricintayan
केषु केषु च भावेषु चिन्त्योऽसि भगवन्मया ॥१०-१७॥
keṣu keṣu ca bhāveṣu cintyo'si bhagavanmayā (10-17)

विस्तरेणात्मनो योगं विभूतिं च जनार्दन ।
vistareṇātmano yogaṁ vibhūtiṁ ca janārdana
भूयः कथय तृप्तिर्हि शृण्वतो नास्ति मेऽमृतम् ॥१०-१८॥
bhūyaḥ kathaya tṛptirhi śṛṇvato nāsti me'mṛtam (10-18)

श्रीभगवानुवाच --
śrībhagavānuvāca --

हन्त ते कथयिष्यामि दिव्या ह्यात्मविभूतयः ।
hanta te kathayiṣyāmi divyā hyātmavibhūtayaḥ
प्राधान्यतः कुरुश्रेष्ठ नास्त्यन्तो विस्तरस्य मे ॥१०-१९॥
prādhānyataḥ kuruśreṣṭha nāstyanto vistarasya me (10-19)

अहमात्मा गुडाकेश सर्वभूताशयस्थितः ।
ahamātmā guḍākeśa sarvabhūtāśayasthitaḥ
अहमादिश्च मध्यं च भूतानामन्त एव च ॥१०-२०॥
ahamādiśca madhyaṁ ca bhūtānāmanta eva ca (10-20)

आदित्यानामहं विष्णुर्ज्योतिषां रविरंशुमान् ।
ādityānāmahaṁ viṣṇurjyotiṣāṁ raviraṁśumān
मरीचिर्मरुतामस्मि नक्षत्राणामहं शशी ॥१०-२१॥
marīcirmarutāmasmi nakṣatrāṇāmahaṁ śaśī (10-21)

वेदानां सामवेदोऽस्मि देवानामस्मि वासवः ।
vedānāṁ sāmavedo'smi devānāmasmi vāsavaḥ
इन्द्रियाणां मनश्चास्मि भूतानामस्मि चेतना ॥१०-२२॥
indriyāṇāṁ manaścāsmi bhūtānāmasmi cetanā (10-22)

रुद्राणां शङ्करश्चास्मि वित्तेशो यक्षरक्षसाम् ।
rudrāṇāṁ śaṅkaraścāsmi vitteśo yakṣarakṣasām
वसूनां पावकश्चास्मि मेरुः शिखरिणामहम् ॥१०-२३॥
vasūnāṁ pāvakaścāsmi meruḥ śikhariṇāmaham (10-23)

पुरोधसां च मुख्यं मां विद्धि पार्थ बृहस्पतिम् ।
purodhasāṁ ca mukhyaṁ māṁ viddhi pārtha bṛhaspatim
सेनानीनामहं स्कन्दः सरसामस्मि सागरः ॥१०-२४॥
senānīnāmahaṁ skandaḥ sarasāmasmi sāgaraḥ (10-24)

महर्षीणां भृगुरहं गिरामस्म्येकमक्षरम् ।
maharṣīṇāṁ bhṛguraham girāmasmyekamakṣaram
यज्ञानां जपयज्ञोऽस्मि स्थावराणां हिमालयः ॥१०-२५॥
yajñānāṁ japayajño'smi sthāvarāṇāṁ himālayaḥ (10-25)

अश्वत्थः सर्ववृक्षाणां देवर्षीणां च नारदः ।
aśvatthaḥ sarvavṛkṣāṇāṁ devarṣīṇāṁ ca nāradaḥ
गन्धर्वाणां चित्ररथः सिद्धानां कपिलो मुनिः ॥१०-२६॥
gandharvāṇāṁ citrarathaḥ siddhānāṁ kapilo muniḥ (10-26)

उच्चैःश्रवसमश्वानां विद्धि माममृतोद्भवम् ।
uccaiḥśravasamaśvānāṁ viddhi māmamṛtodbhavam
ऐरावतं गजेन्द्राणां नराणां च नराधिपम् ॥१०-२७॥
airāvataṁ gajendrāṇāṁ narāṇāṁ ca narādhipam (10-27)

आयुधानामहं वज्रं धेनूनामस्मि कामधुक् ।
āyudhānāmahaṁ vajraṁ dhenūnāmasmi kāmadhuk
प्रजनश्चास्मि कन्दर्पः सर्पाणामस्मि वासुकिः ॥१०-२८॥
prajanaścāsmi kandarpaḥ sarpāṇāmasmi vāsukiḥ (10-28)

अनन्तश्चास्मि नागानां वरुणो यादसामहम् ।
anantaścāsmi nāgānāṁ varuṇo yādasāmaham
पितॄणामर्यमा चास्मि यमः संयमतामहम् ॥१०-२९॥
pitṝṇāmaryamā cāsmi yamaḥ saṁyamatāmaham (10-29)

प्रह्लादश्चास्मि दैत्यानां कालः कलयतामहम् ।
prahlādaścāsmi daityānāṁ kālaḥ kalayatāmaham
मृगाणां च मृगेन्द्रोऽहं वैनतेयश्च पक्षिणाम् ॥१०-३०॥
mṛgāṇāṁ ca mṛgendro'haṁ vainateyaśca pakṣiṇām (10-30)

पवनः पवतामस्मि रामः शस्त्रभृतामहम् ।
pavanaḥ pavatāmasmi rāmaḥ śastrabhṛtāmaham
झषाणां मकरश्चास्मि स्रोतसामस्मि जाह्नवी ॥१०-३१॥
jhaṣāṇāṁ makaraścāsmi srotasāmasmi jāhnavī (10-31)

सर्गाणामादिरन्तश्च मध्यं चैवाहमर्जुन ।
sargāṇāmādirantaśca madhyaṁ caivāhamarjuna
अध्यात्मविद्या विद्यानां वादः प्रवदतामहम् ॥१०-३२॥
adhyātmavidyā vidyānāṁ vādaḥ pravadatāmaham (10-32)

अक्षराणामकारोऽस्मि द्वन्द्वः सामासिकस्य च ।
akṣarāṇāmakāro'smi dvandvaḥ sāmāsikasya ca
अहमेवाक्षयः कालो धाताहं विश्वतोमुखः ॥१०-३३॥
ahamevākṣayaḥ kālo dhātāhaṁ viśvatomukhaḥ (10-33)

मृत्युः सर्वहरश्चाहमुद्भवश्च भविष्यताम् ।
mṛtyuḥ sarvaharaścāhamudbhavaśca bhaviṣyatām
कीर्तिः श्रीर्वाक्च नारीणां स्मृतिर्मेधा धृतिः क्षमा ॥१०-३४॥
kīrtiḥ śrīrvākca nārīṇāṁ smṛtirmedhā dhṛtiḥ kṣamā (10-34)

बृहत्साम तथा साम्नां गायत्री छन्दसामहम् ।
bṛhatsāma tathā sāmnāṁ gāyatrī chandasāmaham
मासानां मार्गशीर्षोऽहमृतूनां कुसुमाकरः ॥१०-३५॥
māsānāṁ mārgaśīrṣo'hamṛtūnāṁ kusumākaraḥ (10-35)

द्यूतं छलयतामस्मि तेजस्तेजस्विनामहम् ।
dyūtaṁ chalayatāmasmi tejastejasvināmaham
जयोऽस्मि व्यवसायोऽस्मि सत्त्वं सत्त्ववतामहम् ॥१०-३६॥
jayo'smi vyavasāyo'smi sattvaṁ sattvavatāmaham (10-36)

वृष्णीनां वासुदेवोऽस्मि पाण्डवानां धनञ्जयः ।
vṛṣṇīnāṁ vāsudevo'smi pāṇḍavānāṁ dhanañjayaḥ
मुनीनामप्यहं व्यासः कवीनामुशना कविः ॥१०-३७॥
munīnāmapyahaṁ vyāsaḥ kavīnāmuśanā kaviḥ (10-37)

दण्डो दमयतामस्मि नीतिरस्मि जिगीषताम् ।
daṇḍo damayatāmasmi nītirasmi jigīṣatām
मौनं चैवास्मि गुह्यानां ज्ञानं ज्ञानवतामहम् ॥१०-३८॥
maunaṁ caivāsmi guhyānāṁ jñānaṁ jñānavatāmaham (10-38)

यच्चापि सर्वभूतानां बीजं तदहमर्जुन ।
yaccāpi sarvabhūtānāṁ bījaṁ tadahamarjuna
न तदस्ति विना यत्स्यान्मया भूतं चराचरम् ॥१०-३९॥
na tadasti vinā yatsyānmayā bhūtaṁ carācaram (10-39)

नान्तोऽस्ति मम दिव्यानां विभूतीनां परन्तप ।
nānto'sti mama divyānāṁ vibhūtīnāṁ parantapa
एष तूद्देशतः प्रोक्तो विभूतेर्विस्तरो मया ॥१०-४०॥
eṣa tūddeśataḥ prokto vibhūtervistaro mayā (10-40)

यद्यद्विभूतिमत्सत्त्वं श्रीमदूर्जितमेव वा ।
yadyadvibhūtimatsattvaṁ śrīmadūrjitameva vā
तत्तदेवावगच्छ त्वं मम तेजोंऽशसम्भवम् ॥१०-४१॥
tattadevāvagaccha tvaṁ mama tejoṁ'śasambhavam (10-41)

अथवा बहुनैतेन किं ज्ञातेन तवार्जुन ।
athavā bahunaitena kiṁ jñātena tavārjuna
विष्टभ्याहमिदं कृत्स्नमेकांशेन स्थितो जगत् ॥१०-४२॥
viṣṭabhyāhamidaṁ kṛtsnamekāṁśena sthito jagat (10-42)

ॐ तत्सदिति श्रीमद्भगवद्गीतासूपनिषत्सु
om tatsaditi śrīmadbhagavadgītāsūpaniṣatsu
ब्रह्मविद्यायां योगशास्त्रे श्रीकृष्णार्जुनसंवादे
brahmavidyāyāṁ yogaśāstre śrīkṛṣṇārjunasaṁvāde
विभूतियोगो नाम दशमोऽध्यायः ॥
vibhūtiyogo nāma daśamo'dhyāyaḥ .

~ॐ~ॐ~ॐ~ॐ~ॐ~ॐ~ ॐ~ ॐ~ ॐ~

एकादशोऽध्यायः - विश्वरूपदर्शनयोगः

ekādaśo'dhyāyaḥ - viśvarūpadarśanayogaḥ

अर्जुन उवाच --
arjuna uvāca --

मदनुग्रहाय परमं गुह्यमध्यात्मसंज्ञितम् ।
madanugrahāya paramaṁ guhyamadhyātmasaṁjñitam
यत्त्वयोक्तं वचस्तेन मोहोऽयं विगतो मम ॥११-१॥
yattvayoktaṁ vacastena moho'yaṁ vigato mama (11-1)

भवाप्ययौ हि भूतानां श्रुतौ विस्तरशो मया ।
bhavāpyayau hi bhūtānāṁ śrutau vistaraśo mayā
त्वत्तः कमलपत्राक्ष माहात्म्यमपि चाव्ययम् ॥११-२॥
tvattaḥ kamalapatrākṣa māhātmyamapi cāvyayam (11-2)

एवमेतद्यथात्थ त्वमात्मानं परमेश्वर ।
evametadyathāttha tvamātmānaṁ parameśvara
द्रष्टुमिच्छामि ते रूपमैश्वरं पुरुषोत्तम ॥११-३॥
draṣṭumicchāmi te rūpamaiśvaraṁ puruṣottama (11-3)

मन्यसे यदि तच्छक्यं मया द्रष्टुमिति प्रभो ।
manyase yadi tacchakyaṁ mayā draṣṭumiti prabho
योगेश्वर ततो मे त्वं दर्शयात्मानमव्ययम् ॥११-४॥
yogeśvara tato me tvaṁ darśayātmānamavyayam (11-4)

श्रीभगवानुवाच --
śrībhagavānuvāca --

पश्य मे पार्थ रूपाणि शतशोऽथ सहस्रशः ।
paśya me pārtha rūpāṇi śataśo'tha sahasraśaḥ
नानाविधानि दिव्यानि नानावर्णाकृतीनि च ॥११-५॥
nānāvidhāni divyāni nānāvarṇākṛtīni ca (11-5)

पश्यादित्यान्वसून्रुद्रानश्विनौ मरुतस्तथा ।
paśyādityānvasūnrudrānaśvinau marutastathā
बहून्यदृष्टपूर्वाणि पश्याश्चर्याणि भारत ॥११-६॥
bahūnyadṛṣṭapūrvāṇi paśyāścaryāṇi bhārata (11-6)

इहैकस्थं जगत्कृत्स्नं पश्याद्य सचराचरम् ।
ihaikasthaṁ jagatkṛtsnaṁ paśyādya sacarācaram
मम देहे गुडाकेश यच्चान्यद् द्रष्टुमिच्छसि ॥११-७॥
mama dehe guḍākeśa yaccānyad draṣṭumicchasi (11-7)

न तु मां शक्यसे द्रष्टुमनेनैव स्वचक्षुषा ।
na tu māṁ śakyase draṣṭumanenaiva svacakṣuṣā
दिव्यं ददामि ते चक्षुः पश्य मे योगमैश्वरम् ॥११-८॥
divyaṁ dadāmi te cakṣuḥ paśya me yogamaiśvaram (11-8)

सञ्जय उवाच --
sañjaya uvāca --

एवमुक्त्वा ततो राजन्महायोगेश्वरो हरिः ।
evamuktvā tato rājanmahāyogeśvaro hariḥ
दर्शयामास पार्थाय परमं रूपमैश्वरम् ॥११-९॥
darśayāmāsa pārthāya paramaṁ rūpamaiśvaram (11-9)
अनेकवक्त्रनयनमनेकाद्भुतदर्शनम् ।
anekavaktranayanamanekādbhutadarśanam
अनेकदिव्याभरणं दिव्यानेकोद्यतायुधम् ॥११-१०॥
anekadivyābharaṇaṁ divyānekodyatāyudham (11-10)
दिव्यमाल्याम्बरधरं दिव्यगन्धानुलेपनम् ।
divyamālyāmbaradharaṁ divyagandhānulepanam
सर्वाश्चर्यमयं देवमनन्तं विश्वतोमुखम् ॥११-११॥
sarvāścaryamayaṁ devamanantaṁ viśvatomukham (11-11)

दिवि सूर्यसहस्रस्य भवेद्युगपदुत्थिता ।
divi sūryasahasrasya bhavedyugapadutthitā
यदि भाः सदृशी सा स्याद्भासस्तस्य महात्मनः ॥११-१२॥
yadi bhāḥ sadṛśī sā syādbhāsastasya mahātmanaḥ (11-12)

तत्रैकस्थं जगत्कृत्स्नं प्रविभक्तमनेकधा ।
tatraikasthaṁ jagatkṛtsnaṁ pravibhaktamanekadhā
अपश्यद्देवदेवस्य शरीरे पाण्डवस्तदा ॥११-१३॥
apaśyaddevadevasya śarīre pāṇḍavastadā (11-13)

ततः स विस्मयाविष्टो हृष्टरोमा धनञ्जयः ।
tataḥ sa vismayāviṣṭo hṛṣṭaromā dhanañjayaḥ
प्रणम्य शिरसा देवं कृताञ्जलिरभाषत ॥११-१४॥
praṇamya śirasā devaṁ kṛtāñjalirabhāṣata (11-14)

अर्जुन उवाच --
arjuna uvāca --

पश्यामि देवांस्तव देव देहे सर्वांस्तथा भूतविशेषसङ्घान् ।
paśyāmi devāṁstava deva dehe sarvāṁstathā bhūtaviśeṣasaṅghān

ब्रह्माणमीशं कमलासनस्थमृषींश्च सर्वानुरगांश्च दिव्यान् ॥११-१५॥
brahmāṇamīśaṁ kamalāsanastha-
mṛṣīṁśca sarvānuragāṁśca divyān (11-15)

अनेकबाहूदरवक्त्रनेत्रं पश्यामि त्वां सर्वतोऽनन्तरूपम् ।
anekabāhūdaravaktranetraṁ paśyāmi tvāṁ sarvato'nantarūpam

नान्तं न मध्यं न पुनस्तवादिं पश्यामि विश्वेश्वर विश्वरूप ॥११-१६॥
nāntaṁ na madhyaṁ na punastavādiṁ
paśyāmi viśveśvara viśvarūpa (11-16)

किरीटिनं गदिनं चक्रिणं च तेजोराशिं सर्वतो दीप्तिमन्तम् ।
kirīṭinaṁ gadinaṁ cakriṇaṁ ca tejorāśiṁ sarvato dīptimantam

पश्यामि त्वां दुर्निरीक्ष्यं समन्ताद् दीप्तानलार्कद्युतिमप्रमेयम् ॥११-१७॥
paśyāmi tvāṁ durnirīkṣyaṁ samantād
dīptānalārkadyutimaprameyam (11-17)

त्वमक्षरं परमं वेदितव्यं त्वमस्य विश्वस्य परं निधानम् ।
tvamakṣaraṁ paramaṁ veditavyaṁ
tvamasya viśvasya paraṁ nidhānam

त्वमव्ययः शाश्वतधर्मगोप्ता सनातनस्त्वं पुरुषो मतो मे ॥११-१८॥
tvamavyayaḥ śāśvatadharmagoptā
sanātanastvaṁ puruṣo mato me (11-18)

अनादिमध्यान्तमनन्तवीर्यमनन्तबाहुं शशिसूर्यनेत्रम् ।
anādimadhyāntamanantavīrya-
manantabāhuṁ śaśisūryanetram

पश्यामि त्वां दीप्तहुताशवक्त्रं स्वतेजसा विश्वमिदं तपन्तम् ॥११-१९॥
paśyāmi tvāṁ dīptahutāśavaktraṁ
svatejasā viśvamidaṁ tapantam (11-19)

द्यावापृथिव्योरिदमन्तरं हि व्याप्तं त्वयैकेन दिशश्च सर्वाः ।
dyāvāpṛthivyoridamantaraṁ hi vyāptaṁ tvayaikena diśaśca sarvāḥ

दृष्ट्वाद्भुतं रूपमुग्रं तवेदं लोकत्रयं प्रव्यथितं महात्मन् ॥११-२०॥
dṛṣṭvādbhutaṁ rūpamugraṁ tavedaṁ
lokatrayaṁ pravyathitaṁ mahātman (11-20)

अमी हि त्वां सुरसङ्घा विशन्ति केचिद्भीताः प्राञ्जलयो गृणन्ति ।

amī hi tvāṁ surasaṅghā viśanti
kecidbhītāḥ prāñjalayo gṛṇanti

स्वस्तीत्युक्त्वा महर्षिसिद्धसङ्घाः

svastītyuktvā maharṣisiddhasaṅghāḥ

स्तुवन्ति त्वां स्तुतिभिः पुष्कलाभिः ॥११-२१॥

stuvanti tvāṁ stutibhiḥ puṣkalābhiḥ (11-21)

रुद्रादित्या वसवो ये च साध्या विश्वेऽश्विनौ मरुतश्चोष्मपाश्च ।

rudrādityā vasavo ye ca sādhyā
viśve'śvinau marutaścoṣmapāśca

गन्धर्वयक्षासुरसिद्धसङ्घा वीक्षन्ते त्वां विस्मिताश्चैव सर्वे ॥११-२२॥

gandharvayakṣāsurasiddhasaṅghā
vīkṣante tvāṁ vismitāścaiva sarve (11-22)

रूपं महत्ते बहुवक्त्रनेत्रं महाबाहो बहुबाहूरुपादम् ।

rūpaṁ mahatte bahuvaktranetraṁ
mahābāho bahubāhūrupādam

बहूदरं बहुदंष्ट्राकरालं दृष्ट्वा लोकाः प्रव्यथितास्तथाहम् ॥११-२३॥

bahūdaraṁ bahudaṁṣṭrākarālaṁ
dṛṣṭvā lokāḥ pravyathitāstathāham (11-23)

नभःस्पृशं दीप्तमनेकवर्णं व्यात्ताननं दीप्तविशालनेत्रम् ।

nabhaḥspṛśaṁ dīptamanekavarṇaṁ
vyāttānanaṁ dīptaviśālanetram

दृष्ट्वा हि त्वां प्रव्यथितान्तरात्मा

dṛṣṭvā hi tvāṁ pravyathitāntarātmā

धृतिं न विन्दामि शमं च विष्णो ॥११-२४॥

dhṛtiṁ na vindāmi śamaṁ ca viṣṇo (11-24)

दंष्ट्राकरालानि च ते मुखानि दृष्ट्वैव कालानलसन्निभानि ।

daṁṣṭrākarālāni ca te mukhāni dṛṣṭvaiva kālānalasannibhāni

दिशो न जाने न लभे च शर्म प्रसीद देवेश जगन्निवास ॥११-२५॥

diśo na jāne na labhe ca śarma prasīda deveśa jagannivāsa (11-25)

अमी च त्वां धृतराष्ट्रस्य पुत्राः सर्वे सहैवावनिपालसङ्घैः ।

amī ca tvāṁ dhṛtarāṣṭrasya putrāḥ sarve sahaivāvanipālasaṅghaiḥ

भीष्मो द्रोणः सूतपुत्रस्तथासौ सहास्मदीयैरपि योधमुख्यैः ॥११-२६॥

bhīṣmo droṇaḥ sūtaputrastathāsau
sahāsmadīyairapi yodhamukhyaiḥ (11-26)

वक्त्राणि ते त्वरमाणा विशन्ति दंष्ट्राकरालानि भयानकानि ।
vaktrāṇi te tvaramāṇā viśanti daṁṣṭrākarālāni bhayānakāni
केचिद्विलग्ना दशनान्तरेषु सन्दृश्यन्ते चूर्णितैरुत्तमाङ्गैः ॥११-२७॥
kecidvilagnā daśanāntareṣu sandṛśyante cūrṇitairuttamāṅgaiḥ (11-27)

यथा नदीनां बहवोऽम्बुवेगाः समुद्रमेवाभिमुखा द्रवन्ति ।
yathā nadīnāṁ bahavo'mbuvegāḥ samudramevābhimukhā dravanti
तथा तवामी नरलोकवीरा विशन्ति वक्त्राण्यभिविज्वलन्ति ॥११-२८॥
tathā tavāmī naralokavīrā viśanti vaktrāṇyabhivijvalanti (11-28)

यथा प्रदीप्तं ज्वलनं पतङ्गा विशन्ति नाशाय समृद्धवेगाः ।
yathā pradīptaṁ jvalanaṁ pataṅgā viśanti nāśāya samṛddhavegāḥ
तथैव नाशाय विशन्ति लोकास् तवापि वक्त्राणि समृद्धवेगाः ॥११-२९॥
tathaiva nāśāya viśanti lokāstavāpi vaktrāṇi samṛddhavegāḥ (11-29)

लेलिह्यसे ग्रसमानः समन्ताल्लोकान्समग्रान्वदनैर्ज्वलद्भिः ।
lelihyase grasamānaḥ samantāllokānsamagrānvadanairjvaladbhiḥ
तेजोभिरापूर्य जगत्समग्रं भासस्तवोग्राः प्रतपन्ति विष्णो ॥११-३०॥
tejobhirāpūrya jagatsamagraṁ bhāsastavogrāḥ pratapanti viṣṇo (11-30)

आख्याहि मे को भवानुग्ररूपो नमोऽस्तु ते देववर प्रसीद ।
ākhyāhi me ko bhavānugrarūpo namo'stu te devavara prasīda
विज्ञातुमिच्छामि भवन्तमाद्यं न हि प्रजानामि तव प्रवृत्तिम् ॥११-३१॥
vijñātumicchāmi bhavantamādyaṁ
na hi prajānāmi tava pravṛttim (11-31)

श्रीभगवानुवाच --
śrībhagavānuvāca --

कालोऽस्मि लोकक्षयकृत्प्रवृद्धो लोकान्समाहर्तुमिह प्रवृत्तः ।
kālo'smi lokakṣayakṛtpravṛddho lokānsamāhartumiha pravṛttaḥ
ऋतेऽपि त्वां न भविष्यन्ति सर्वे
ṛte'pi tvāṁ na bhaviṣyanti sarve
येऽवस्थिताः प्रत्यनीकेषु योधाः ॥११-३२॥
ye'vasthitāḥ pratyanīkeṣu yodhāḥ (11-32)

तस्मात्त्वमुत्तिष्ठ यशो लभस्व जित्वा शत्रून् भुङ्क्ष्व राज्यं समृद्धम् ।

tasmāttvamuttiṣṭha yaśo labhasva
jitvā śatrūn bhuṅkṣva rājyaṁ samṛddham

मयैवैते निहताः पूर्वमेव निमित्तमात्रं भव सव्यसाचिन् ॥११-३३॥

mayaivaite nihatāḥ pūrvameva
nimittamātraṁ bhava savyasācin (11-33)

द्रोणं च भीष्मं च जयद्रथं च कर्णं तथान्यानपि योधवीरान् ।

droṇaṁ ca bhīṣmaṁ ca jayadrathaṁ ca
karṇaṁ tathānyānapi yodhavīrān

मया हतांस्त्वं जहि मा व्यथिष्ठा युध्यस्व जेतासि रणे सपत्नान् ॥११-३४॥

mayā hatāṁstvaṁ jahi mā vyathiṣṭhā
yudhyasva jetāsi raṇe sapatnān (11-34)

सञ्जय उवाच --
sañjaya uvāca --

एतच्छ्रुत्वा वचनं केशवस्य कृताञ्जलिर्वेपमानः किरीटी ।

etacchrutvā vacanaṁ keśavasya kṛtāñjalirvepamānaḥ kirīṭī

नमस्कृत्वा भूय एवाह कृष्णं सगद्गदं भीतभीतः प्रणम्य ॥११-३५॥

namaskṛtvā bhūya evāha kṛṣṇaṁ
sagadgadaṁ bhītabhītaḥ praṇamya (11-35)

अर्जुन उवाच --
arjuna uvāca --

स्थाने हृषीकेश तव प्रकीर्त्या जगत्प्रहृष्यत्यनुरज्यते च ।

sthāne hṛṣīkeśa tava prakīrtyā jagatprahṛṣyatyanurajyate ca

रक्षांसि भीतानि दिशो द्रवन्ति सर्वे नमस्यन्ति च सिद्धसङ्घाः ॥११-३६॥

rakṣāṁsi bhītāni diśo dravanti
sarve namasyanti ca siddhasaṅghāḥ (11-36)

कस्माच्च ते न नमेरन्महात्मन् गरीयसे ब्रह्मणोऽप्यादिकर्त्रे ।

kasmācca te na nameranmahātman garīyase brahmaṇo'pyādikartre

अनन्त देवेश जगन्निवास त्वमक्षरं सदसत्तत्परं यत् ॥११-३७॥

ananta deveśa jagannivāsa tvamakṣaraṁ sadasattatparaṁ yat (11-37)

त्वमादिदेवः पुरुषः पुराणस्त्वमस्य विश्वस्य परं निधानम् ।

tvamādidevaḥ puruṣaḥ purāṇastvamasya viśvasya paraṁ nidhānam

वेत्तासि वेद्यं च परं च धाम त्वया ततं विश्वमनन्तरूप ॥११-३८॥

vettāsi vedyaṁ ca paraṁ ca dhāma
tvayā tataṁ viśvamanantarūpa (11-38)

वायुर्यमोऽग्निर्वरुणः शशाङ्कः प्रजापतिस्त्वं प्रपितामहश्च ।
vāyuryamo'gnirvaruṇaḥ śaśāṅkaḥ prajāpatistvaṁ prapitāmahaśca

नमो नमस्तेऽस्तु सहस्रकृत्वः पुनश्च भूयोऽपि नमो नमस्ते ॥११-३९॥
namo namaste'stu sahasrakṛtvaḥ
punaśca bhūyo'pi namo namaste (11-39)

नमः पुरस्तादथ पृष्ठतस्ते नमोऽस्तु ते सर्वत एव सर्व ।
namaḥ purastādatha pṛṣṭhataste namo'stu te sarvata eva sarva

अनन्तवीर्यामितविक्रमस्त्वं सर्वं समाप्नोषि ततोऽसि सर्वः ॥११-४०॥
anantavīryāmitavikramastvaṁ sarvaṁ samāpnoṣi tato'si sarvaḥ (11-40)

सखेति मत्वा प्रसभं यदुक्तं हे कृष्ण हे यादव हे सखेति ।
sakheti matvā prasabhaṁ yaduktaṁ he kṛṣṇa he yādava he sakheti

अजानता महिमानं तवेदं मया प्रमादात्प्रणयेन वापि ॥११-४१॥
ajānatā mahimānaṁ tavedaṁ mayā pramādātpraṇayena vāpi (11-41)

यच्चावहासार्थमसत्कृतोऽसि विहारशय्यासनभोजनेषु ।
yaccāvahāsārthamasatkṛto'si vihāraśayyāsanabhojaneṣu

एकोऽथवाप्यच्युत तत्समक्षं तत्क्षामये त्वामहमप्रमेयम् ॥११-४२॥
eko'thavāpyacyuta tatsamakṣaṁ tatkṣāmaye tvāmahamaprameyam (11-42)

पितासि लोकस्य चराचरस्य त्वमस्य पूज्यश्च गुरुर्गरीयान् ।
pitāsi lokasya carācarasya tvamasya pūjyaśca gururgarīyān

न त्वत्समोऽस्त्यभ्यधिकः कुतोऽन्यो
na tvatsamo'styabhyadhikaḥ kuto'nyo

लोकत्रयेऽप्यप्रतिमप्रभाव ॥११-४३॥
lokatraye'pyapratimaprabhāva (11-43)

तस्मात्प्रणम्य प्रणिधाय कायं प्रसादये त्वामहमीशमीड्यम् ।
tasmātpraṇamya praṇidhāya kāyaṁ prasādaye tvāmahamīśamīḍyam

पितेव पुत्रस्य सखेव सख्युः प्रियः प्रियायार्हसि देव सोढुम् ॥११-४४॥
piteva putrasya sakheva sakhyuḥ
priyaḥ priyāyārhasi deva soḍhum (11-44)

अदृष्टपूर्वं हृषितोऽस्मि दृष्ट्वा भयेन च प्रव्यथितं मनो मे ।
adṛṣṭapūrvaṁ hṛṣito'smi dṛṣṭvā bhayena ca pravyathitaṁ mano me

तदेव मे दर्शय देव रूपं प्रसीद देवेश जगन्निवास ॥११-४५॥
tadeva me darśaya deva rūpaṁ prasīda deveśa jagannivāsa (11-45)

किरीटिनं गदिनं चक्रहस्तं इच्छामि त्वां द्रष्टुमहं तथैव ।
kirīṭinaṁ gadinaṁ cakrahastaṁ icchāmi tvāṁ draṣṭumahaṁ tathaiva
तेनैव रूपेण चतुर्भुजेन सहस्रबाहो भव विश्वमूर्ते ॥११-४६॥
tenaiva rūpeṇa caturbhujena sahasrabāho bhava viśvamūrte (11-46)

श्रीभगवानुवाच --
śrībhagavānuvāca --

मया प्रसन्नेन तवार्जुनेदं रूपं परं दर्शितमात्मयोगात् ।
mayā prasannena tavārjunedaṁ rūpaṁ paraṁ darśitamātmayogāt
तेजोमयं विश्वमनन्तमाद्यं यन्मे त्वदन्येन न दृष्टपूर्वम् ॥११-४७॥
tejomayaṁ viśvamanantamādyaṁ
yanme tvadanyena na dṛṣṭapūrvam (11-47)

न वेदयज्ञाध्ययनैर्न दानैर्न च क्रियाभिर्न तपोभिरुग्रैः ।
na vedayajñādhyayanairna dānairna ca kriyābhirna tapobhirugraiḥ
एवंरूपः शक्य अहं नृलोके द्रष्टुं त्वदन्येन कुरुप्रवीर ॥११-४८॥
evaṁrūpaḥ śakya ahaṁ nṛloke draṣṭuṁ tvadanyena kurupravīra (11-48)

मा ते व्यथा मा च विमूढभावो दृष्ट्वा रूपं घोरमीदृङ्ममेदम् ।
mā te vyathā mā ca vimūḍhabhāvo
dṛṣṭvā rūpaṁ ghoramīdṛṅmamedam
व्यपेतभीः प्रीतमनाः पुनस्त्वं तदेव मे रूपमिदं प्रपश्य ॥११-४९॥
vyapetabhīḥ prītamanāḥ punastvaṁ
tadeva me rūpamidaṁ prapaśya (11-49)

सञ्जय उवाच --
sañjaya uvāca --

इत्यर्जुनं वासुदेवस्तथोक्त्वा स्वकं रूपं दर्शयामास भूयः ।
ityarjunaṁ vāsudevastathoktvā svakaṁ rūpaṁ darśayāmāsa bhūyaḥ
आश्वासयामास च भीतमेनं भूत्वा पुनः सौम्यवपुर्महात्मा ॥११-५०॥
āśvāsayāmāsa ca bhītamenaṁ
bhūtvā punaḥ saumyavapurmahātmā (11-50)

अर्जुन उवाच --
arjuna uvāca --

दृष्ट्वेदं मानुषं रूपं तव सौम्यं जनार्दन ।
dṛṣṭvedaṁ mānuṣaṁ rūpaṁ tava saumyaṁ janārdana
इदानीमस्मि संवृत्तः सचेताः प्रकृतिं गतः ॥११-५१॥
idānīmasmi saṁvṛttaḥ sacetāḥ prakṛtiṁ gataḥ (11-51)

श्रीभगवानुवाच --
śrībhagavānuvāca --

सुदुर्दर्शमिदं रूपं दृष्टवानसि यन्मम ।
sudurdarśamidaṁ rūpaṁ dṛṣṭavānasi yanmama
देवा अप्यस्य रूपस्य नित्यं दर्शनकाङ्क्षिणः ॥११-५२॥
devā apyasya rūpasya nityaṁ darśanakāṅkṣiṇaḥ (11-52)

नाहं वेदैर्न तपसा न दानेन न चेज्यया ।
nāhaṁ vedairna tapasā na dānena na cejyayā
शक्य एवंविधो द्रष्टुं दृष्टवानसि मां यथा ॥११-५३॥
śakya evaṁvidho draṣṭuṁ dṛṣṭavānasi māṁ yathā (11-53)

भक्त्या त्वनन्यया शक्य अहमेवंविधोऽर्जुन ।
bhaktyā tvananyayā śakya ahamevaṁvidho'rjuna
ज्ञातुं द्रष्टुं च तत्त्वेन प्रवेष्टुं च परन्तप ॥११-५४॥
jñātuṁ draṣṭuṁ ca tattvena praveṣṭuṁ ca parantapa (11-54)

मत्कर्मकृन्मत्परमो मद्भक्तः सङ्गवर्जितः ।
matkarmakṛnmatparamo madbhaktaḥ saṅgavarjitaḥ
निर्वैरः सर्वभूतेषु यः स मामेति पाण्डव ॥११-५५॥
nirvairaḥ sarvabhūteṣu yaḥ sa māmeti pāṇḍava (11-55)

ॐ तत्सदिति श्रीमद्भगवद्गीतासूपनिषत्सु
om tatsaditi śrīmadbhagavadgītāsūpaniṣatsu
ब्रह्मविद्यायां योगशास्त्रे श्रीकृष्णार्जुनसंवादे
brahmavidyāyāṁ yogaśāstre śrīkṛṣṇārjunasaṁvāde
विश्वरूपदर्शनयोगो नामैकादशोऽध्यायः ॥
viśvarūpadarśanayogo nāmaikādaśo'dhyāyaḥ .

द्वादशोऽध्यायः - भक्तियोगः
dvādaśo'dhyāyaḥ - bhaktiyogaḥ

अर्जुन उवाच --
arjuna uvāca --

एवं सततयुक्ता ये भक्तास्त्वां पर्युपासते ।
evaṁ satatayuktā ye bhaktāstvāṁ paryupāsate
ये चाप्यक्षरमव्यक्तं तेषां के योगवित्तमाः ॥१२-१॥
ye cāpyakṣaramavyaktaṁ teṣāṁ ke yogavittamāḥ (12-1)

श्रीभगवानुवाच --
śrībhagavānuvāca --

मय्यावेश्य मनो ये मां नित्ययुक्ता उपासते ।
mayyāveśya mano ye māṁ nityayuktā upāsate
श्रद्धया परयोपेताः ते मे युक्ततमा मताः ॥१२-२॥
śraddhayā parayopetāḥ te me yuktatamā matāḥ (12-2)

ये त्वक्षरमनिर्देश्यमव्यक्तं पर्युपासते ।
ye tvakṣaramanirdeśyamavyaktaṁ paryupāsate
सर्वत्रगमचिन्त्यञ्च कूटस्थमचलन्ध्रुवम् ॥१२-३॥
sarvatragamacintyañca kūṭasthamacalandhruvam (12-3)
सन्नियम्येन्द्रियग्रामं सर्वत्र समबुद्धयः ।
sanniyamyendriyagrāmaṁ sarvatra samabuddhayaḥ
ते प्राप्नुवन्ति मामेव सर्वभूतहिते रताः ॥१२-४॥
te prāpnuvanti māmeva sarvabhūtahite ratāḥ (12-4)

क्लेशोऽधिकतरस्तेषामव्यक्तासक्तचेतसाम् ।
kleśo'dhikatarasteṣāmavyaktāsaktacetasām
अव्यक्ता हि गतिर्दुःखं देहवद्भिरवाप्यते ॥१२-५॥
avyaktā hi gatirduḥkhaṁ dehavadbhiravāpyate (12-5)

ये तु सर्वाणि कर्माणि मयि संन्यस्य मत्पराः ।
ye tu sarvāṇi karmāṇi mayi saṁnyasya matparāḥ
अनन्येनैव योगेन मां ध्यायन्त उपासते ॥१२-६॥
ananyenaiva yogena māṁ dhyāyanta upāsate (12-6)

तेषामहं समुद्धर्ता मृत्युसंसारसागरात् ।
teṣāmahaṁ samuddhartā mṛtyusaṁsārasāgarāt
भवामि नचिरात्पार्थ मय्यावेशितचेतसाम् ॥१२-७॥
bhavāmi nacirātpārtha mayyāveśitacetasām (12-7)

मय्येव मन आधत्स्व मयि बुद्धिं निवेशय ।
mayyeva mana ādhatsva mayi buddhiṁ niveśaya
निवसिष्यसि मय्येव अत ऊर्ध्वं न संशयः ॥१२-८॥
nivasiṣyasi mayyeva ata ūrdhvaṁ na saṁśayaḥ (12-8)

अथ चित्तं समाधातुं न शक्नोषि मयि स्थिरम् ।
atha cittaṁ samādhātuṁ na śaknoṣi mayi sthiram
अभ्यासयोगेन ततो मामिच्छाप्तुं धनञ्जय ॥१२-९॥
abhyāsayogena tato māmicchāptuṁ dhanañjaya (12-9)

अभ्यासेऽप्यसमर्थोऽसि मत्कर्मपरमो भव ।
abhyāse'pyasamartho'si matkarmaparamo bhava
मदर्थमपि कर्माणि कुर्वन्सिद्धिमवाप्स्यसि ॥१२-१०॥
madarthamapi karmāṇi kurvansiddhimavāpsyasi (12-10)

अथैतदप्यशक्तोऽसि कर्तुं मद्योगमाश्रितः ।
athaitadapyaśakto'si kartuṁ madyogamāśritaḥ
सर्वकर्मफलत्यागं ततः कुरु यतात्मवान् ॥१२-११॥
sarvakarmaphalatyāgaṁ tataḥ kuru yatātmavān (12-11)

श्रेयो हि ज्ञानमभ्यासाज्ज्ञानाद्ध्यानं विशिष्यते ।
śreyo hi jñānamabhyāsājjñānāddhyānaṁ viśiṣyate
ध्यानात्कर्मफलत्यागस्त्यागाच्छान्तिरनन्तरम् ॥१२-१२॥
dhyānātkarmaphalatyāgastyāgācchāntiranantaram (12-12)

अद्वेष्टा सर्वभूतानां मैत्रः करुण एव च ।
adveṣṭā sarvabhūtānāṁ maitraḥ karuṇa eva ca
निर्ममो निरहङ्कारः समदुःखसुखः क्षमी ॥१२-१३॥
nirmamo nirahaṅkāraḥ samaduḥkhasukhaḥ kṣamī (12-13)

सन्तुष्टः सततं योगी यतात्मा दृढनिश्चयः ।
santuṣṭaḥ satataṁ yogī yatātmā dṛḍhaniścayaḥ
मय्यर्पितमनोबुद्धिर्यो मद्भक्तः स मे प्रियः ॥१२-१४॥
mayyarpitamanobuddhiryo madbhaktaḥ sa me priyaḥ (12-14)

यस्मान्नोद्विजते लोको लोकान्नोद्विजते च यः ।
yasmānnodvijate loko lokānnodvijate ca yaḥ
हर्षामर्षभयोद्वेगैर्मुक्तो यः स च मे प्रियः ॥१२-१५॥
harṣāmarṣabhayodvegairmukto yaḥ sa ca me priyaḥ (12-15)

अनपेक्षः शुचिर्दक्ष उदासीनो गतव्यथः ।
anapekṣaḥ śucirdakṣa udāsīno gatavyathaḥ
सर्वारम्भपरित्यागी यो मद्भक्तः स मे प्रियः ॥१२-१६॥
sarvārambhaparityāgī yo madbhaktaḥ sa me priyaḥ (12-16)

यो न हृष्यति न द्वेष्टि न शोचति न काङ्क्षति ।
yo na hṛṣyati na dveṣṭi na śocati na kāṅkṣati
शुभाशुभपरित्यागी भक्तिमान्यः स मे प्रियः ॥१२-१७॥
śubhāśubhaparityāgī bhaktimānyaḥ sa me priyaḥ (12-17)

समः शत्रौ च मित्रे च तथा मानापमानयोः ।
samaḥ śatrau ca mitre ca tathā mānāpamānayoḥ
शीतोष्णसुखदुःखेषु समः सङ्गविवर्जितः ॥१२-१८॥
śītoṣṇasukhaduḥkheṣu samaḥ saṅgavivarjitaḥ (12-18)
तुल्यनिन्दास्तुतिर्मौनी सन्तुष्टो येन केनचित् ।
tulyanindāstutirmaunī santuṣṭo yena kenacit
अनिकेतः स्थिरमतिर्भक्तिमान्मे प्रियो नरः ॥१२-१९॥
aniketaḥ sthiramatirbhaktimānme priyo naraḥ (12-19)

ये तु धर्म्यामृतमिदं यथोक्तं पर्युपासते ।
ye tu dharmyāmṛtamidaṁ yathoktaṁ paryupāsate
श्रद्दधाना मत्परमा भक्तास्तेऽतीव मे प्रियाः ॥१२-२०॥
śraddadhānā matparamā bhaktāste'tīva me priyāḥ (12-20)

ॐ तत्सदिति श्रीमद्भगवद्गीतासूपनिषत्सु
om tatsaditi śrīmadbhagavadgītāsūpaniṣatsu
ब्रह्मविद्यायां योगशास्त्रे श्रीकृष्णार्जुनसंवादे
brahmavidyāyāṁ yogaśāstre śrīkṛṣṇārjunasaṁvāde
भक्तियोगो नाम द्वादशोऽध्यायः ॥
bhaktiyogo nāma dvādaśo'dhyāyaḥ .

~ॐ~ॐ~ॐ~ॐ~ॐ~ॐ~ ॐ~ ॐ~ ॐ~

त्रयोदशोऽध्यायः - क्षेत्रक्षेत्रज्ञविभागयोगः

trayodaśo'dhyāyaḥ - kṣetrakṣetrajñavibhāgayogaḥ

श्रीभगवानुवाच --
śrībhagavānuvāca --

इदं शरीरं कौन्तेय क्षेत्रमित्यभिधीयते ।
idaṁ śarīraṁ kaunteya kṣetramityabhidhīyate
एतद्यो वेत्ति तं प्राहुः क्षेत्रज्ञ इति तद्विदः ॥१३-१॥
etadyo vetti taṁ prāhuḥ kṣetrajña iti tadvidaḥ (13-1)

क्षेत्रज्ञं चापि मां विद्धि सर्वक्षेत्रेषु भारत ।
kṣetrajñaṁ cāpi māṁ viddhi sarvakṣetreṣu bhārata
क्षेत्रक्षेत्रज्ञयोर्ज्ञानं यत्तज्ज्ञानं मतं मम ॥१३-२॥
kṣetrakṣetrajñayorjñānaṁ yattajjñānaṁ mataṁ mama (13-2)

तत्क्षेत्रं यच्च यादृक्च यद्विकारि यतश्च यत् ।
tatkṣetraṁ yacca yādṛkca yadvikāri yataśca yat
स च यो यत्प्रभावश्च तत्समासेन मे श्रृणु ॥१३-३॥
sa ca yo yatprabhāvaśca tatsamāsena me śṛṇu (13-3)

ऋषिभिर्बहुधा गीतं छन्दोभिर्विविधैः पृथक् ।
ṛṣibhirbahudhā gītaṁ chandobhirvividhaiḥ pṛthak
ब्रह्मसूत्रपदैश्चैव हेतुमद्भिर्विनिश्चितैः ॥१३-४॥
brahmasūtrapadaiścaiva hetumadbhirviniścitaiḥ (13-4)

महाभूतान्यहङ्कारो बुद्धिरव्यक्तमेव च ।
mahābhūtānyahaṅkāro buddhiravyaktameva ca
इन्द्रियाणि दशैकं च पञ्च चेन्द्रियगोचराः ॥१३-५॥
indriyāṇi daśaikaṁ ca pañca cendriyagocarāḥ (13-5)
इच्छा द्वेषः सुखं दुःखं सङ्घातश्चेतना धृतिः ।
icchā dveṣaḥ sukhaṁ duḥkhaṁ saṅghātaścetanā dhṛtiḥ
एतत्क्षेत्रं समासेन सविकारमुदाहृतम् ॥१३-६॥
etatkṣetraṁ samāsena savikāramudāhṛtam (13-6)

अमानित्वमदम्भित्वमहिंसा क्षान्तिरार्जवम् ।
amānitvamadambhitvamahiṁsā kṣāntirārjavam
आचार्योपासनं शौचं स्थैर्यमात्मविनिग्रहः ॥१३-७॥
ācāryopāsanaṁ śaucaṁ sthairyamātmavinigrahaḥ (13-7)

इन्द्रियार्थेषु वैराग्यमनहङ्कार एव च ।
indriyārtheṣu vairāgyamanahaṅkāra eva ca
जन्ममृत्युजराव्याधिदुःखदोषानुदर्शनम् ॥१३-८॥
janmamṛtyujarāvyādhiduḥkhadoṣānudarśanam (13-8)
असक्तिरनभिष्वङ्गः पुत्रदारगृहादिषु ।
asaktiranabhiṣvaṅgaḥ putradāragṛhādiṣu
नित्यं च समचित्तत्वमिष्टानिष्टोपपत्तिषु ॥१३-९॥
nityaṁ ca samacittatvamiṣṭāniṣṭopapattiṣu (13-9)

मयि चानन्ययोगेन भक्तिरव्यभिचारिणी ।
mayi cānanyayogena bhaktiravyabhicāriṇī
विविक्तदेशसेवित्वमरतिर्जनसंसदि ॥१३-१०॥
viviktadeśasevitvamaratirjanasaṁsadi (13-10)
अध्यात्मज्ञाननित्यत्वं तत्त्वज्ञानार्थदर्शनम् ।
adhyātmajñānanityatvaṁ tattvajñānārthadarśanam
एतज्ज्ञानमिति प्रोक्तमज्ञानं यदतोऽन्यथा ॥१३-११॥
etajjñānamiti proktamajñānaṁ yadato'nyathā (13-11)

ज्ञेयं यत्तत्प्रवक्ष्यामि यज्ज्ञात्वामृतमश्नुते ।
jñeyaṁ yattatpravakṣyāmi yajjñātvāmṛtamaśnute
अनादिमत्परं ब्रह्म न सत्तन्नासदुच्यते ॥१३-१२॥
anādimatparaṁ brahma na sattannāsaducyate (13-12)

सर्वतः पाणिपादं तत्सर्वतोऽक्षिशिरोमुखम् ।
sarvataḥ pāṇipādaṁ tatsarvato'kṣiśiromukham
सर्वतः श्रुतिमल्लोके सर्वमावृत्य तिष्ठति ॥१३-१३॥
sarvataḥ śrutimalloke sarvamāvṛtya tiṣṭhati (13-13)

सर्वेन्द्रियगुणाभासं सर्वेन्द्रियविवर्जितम् ।
sarvendriyaguṇābhāsaṁ sarvendriyavivarjitam
असक्तं सर्वभृच्चैव निर्गुणं गुणभोक्तृ च ॥१३-१४॥
asaktaṁ sarvabhṛccaiva nirguṇaṁ guṇabhoktṛ ca (13-14)

बहिरन्तश्च भूतानामचरं चरमेव च ।
bahirantaśca bhūtānāmacaraṁ carameva ca
सूक्ष्मत्वात्तदविज्ञेयं दूरस्थं चान्तिके च तत् ॥१३-१५॥
sūkṣmatvāttadavijñeyaṁ dūrasthaṁ cāntike ca tat (13-15)

अविभक्तं च भूतेषु विभक्तमिव च स्थितम् ।
avibhaktaṁ ca bhūteṣu vibhaktamiva ca sthitam
भूतभर्तृ च तज्ज्ञेयं ग्रसिष्णु प्रभविष्णु च ॥१३-१६॥
bhūtabhartṛ ca tajjñeyaṁ grasiṣṇu prabhaviṣṇu ca (13-16)

ज्योतिषामपि तज्ज्योतिस्तमसः परमुच्यते ।
jyotiṣāmapi tajjyotistamasaḥ paramucyate
ज्ञानं ज्ञेयं ज्ञानगम्यं हृदि सर्वस्य विष्ठितम् ॥१३-१७॥
jñānaṁ jñeyaṁ jñānagamyaṁ hṛdi sarvasya viṣṭhitam (13-17)

इति क्षेत्रं तथा ज्ञानं ज्ञेयं चोक्तं समासतः ।
iti kṣetraṁ tathā jñānaṁ jñeyaṁ coktaṁ samāsataḥ
मद्भक्त एतद्विज्ञाय मद्भावायोपपद्यते ॥१३-१८॥
madbhakta etadvijñāya madbhāvāyopapadyate (13-18)

प्रकृतिं पुरुषं चैव विद्ध्यनादी उभावपि ।
prakṛtiṁ puruṣaṁ caiva viddhyanādī ubhāvapi
विकारांश्च गुणांश्चैव विद्धि प्रकृतिसम्भवान् ॥१३-१९॥
vikārāṁśca guṇāṁścaiva viddhi prakṛtisambhavān (13-19)

कार्यकारणकर्तृत्वे हेतुः प्रकृतिरुच्यते ।
kāryakāraṇakartṛtve hetuḥ prakṛtirucyate
पुरुषः सुखदुःखानां भोक्तृत्वे हेतुरुच्यते ॥१३-२०॥
puruṣaḥ sukhaduḥkhānāṁ bhoktṛtve heturucyate (13-20)

पुरुषः प्रकृतिस्थो हि भुङ्क्ते प्रकृतिजान्गुणान् ।
puruṣaḥ prakṛtistho hi bhuṅkte prakṛtijānguṇān
कारणं गुणसङ्गोऽस्य सदसद्योनिजन्मसु ॥१३-२१॥
kāraṇaṁ guṇasaṅgo'sya sadasadyonijanmasu (13-21)

उपद्रष्टानुमन्ता च भर्ता भोक्ता महेश्वरः ।
upadraṣṭānumantā ca bhartā bhoktā maheśvaraḥ
परमात्मेति चाप्युक्तो देहेऽस्मिन्पुरुषः परः ॥१३-२२॥
paramātmeti cāpyukto dehe'sminpuruṣaḥ paraḥ (13-22)

य एवं वेत्ति पुरुषं प्रकृतिं च गुणैः सह ।
ya evaṁ vetti puruṣaṁ prakṛtiṁ ca guṇaiḥ saha
सर्वथा वर्तमानोऽपि न स भूयोऽभिजायते ॥१३-२३॥
sarvathā vartamāno'pi na sa bhūyo'bhijāyate (13-23)

ध्यानेनात्मनि पश्यन्ति केचिदात्मानमात्मना ।
dhyānenātmani paśyanti kecidātmānamātmanā
अन्ये साङ्ख्येन योगेन कर्मयोगेन चापरे ॥१३-२४॥
anye sāṅkhyena yogena karmayogena cāpare (13-24)

अन्ये त्वेवमजानन्तः श्रुत्वान्येभ्य उपासते ।
anye tvevamajānantaḥ śrutvānyebhya upāsate
तेऽपि चातितरन्त्येव मृत्युं श्रुतिपरायणाः ॥१३-२५॥
te'pi cātitarantyeva mṛtyuṁ śrutiparāyaṇāḥ (13-25)

यावत्सञ्जायते किञ्चित्सत्त्वं स्थावरजङ्गमम् ।
yāvatsañjāyate kiñcitsattvaṁ sthāvarajaṅgamam
क्षेत्रक्षेत्रज्ञसंयोगात्तद्विद्धि भरतर्षभ ॥१३-२६॥
kṣetrakṣetrajñasaṁyogāttadviddhi bharatarṣabha (13-26)

समं सर्वेषु भूतेषु तिष्ठन्तं परमेश्वरम् ।
samaṁ sarveṣu bhūteṣu tiṣṭhantaṁ parameśvaram
विनश्यत्स्वविनश्यन्तं यः पश्यति स पश्यति ॥१३-२७॥
vinaśyatsvavinaśyantaṁ yaḥ paśyati sa paśyati (13-27)

समं पश्यन्हि सर्वत्र समवस्थितमीश्वरम् ।
samaṁ paśyanhi sarvatra samavasthitamīśvaram
न हिनस्त्यात्मनात्मानं ततो याति परां गतिम् ॥१३-२८॥
na hinastyātmanātmānaṁ tato yāti parāṁ gatim (13-28)

प्रकृत्यैव च कर्माणि क्रियमाणानि सर्वशः ।
prakṛtyaiva ca karmāṇi kriyamāṇāni sarvaśaḥ
यः पश्यति तथात्मानमकर्तारं स पश्यति ॥१३-२९॥
yaḥ paśyati tathātmānamakartāraṁ sa paśyati (13-29)

यदा भूतपृथग्भावमेकस्थमनुपश्यति ।
yadā bhūtapṛthagbhāvamekasthamanupaśyati
तत एव च विस्तारं ब्रह्म सम्पद्यते तदा ॥१३-३०॥
tata eva ca vistāraṁ brahma sampadyate tadā (13-30)

अनादित्वान्निर्गुणत्वात्परमात्मायमव्ययः ।
anāditvānnirguṇatvātparamātmāyamavyayaḥ
शरीरस्थोऽपि कौन्तेय न करोति न लिप्यते ॥१३-३१॥
śarīrastho'pi kaunteya na karoti na lipyate (13-31)

यथा सर्वगतं सौक्ष्म्यादाकाशं नोपलिप्यते ।
yathā sarvagataṁ saukṣmyādākāśaṁ nopalipyate
सर्वत्रावस्थितो देहे तथात्मा नोपलिप्यते ॥१३-३२॥
sarvatrāvasthito dehe tathātmā nopalipyate (13-32)

यथा प्रकाशयत्येकः कृत्स्नं लोकमिमं रविः ।
yathā prakāśayatyekaḥ kṛtsnaṁ lokamimaṁ raviḥ
क्षेत्रं क्षेत्री तथा कृत्स्नं प्रकाशयति भारत ॥१३-३३॥
kṣetraṁ kṣetrī tathā kṛtsnaṁ prakāśayati bhārata (13-33)

क्षेत्रक्षेत्रज्ञयोरेवमन्तरं ज्ञानचक्षुषा ।
kṣetrakṣetrajñayorevamantaraṁ jñānacakṣuṣā
भूतप्रकृतिमोक्षं च ये विदुर्यान्ति ते परम् ॥१३-३४॥
bhūtaprakṛtimokṣaṁ ca ye viduryānti te param (13-34)

ॐ तत्सदिति श्रीमद्भगवद्गीतासूपनिषत्सु
om tatsaditi śrīmadbhagavadgītāsūpaniṣatsu
ब्रह्मविद्यायां योगशास्त्रे श्रीकृष्णार्जुनसंवादे
brahmavidyāyāṁ yogaśāstre śrīkṛṣṇārjunasaṁvāde
क्षेत्रक्षेत्रज्ञविभागयोगो नाम त्रयोदशोऽध्यायः ॥
kṣetrakṣetrajñavibhāgayogo nāma trayodaśo'dhyāyaḥ .

~ॐ~ॐ~ॐ~ॐ~ॐ~ॐ~ ॐ~ ॐ~ ॐ~

चतुर्दशोऽध्यायः - गुणत्रयविभागयोगः

caturdaśo'dhyāyaḥ - guṇatrayavibhāgayogaḥ

श्रीभगवानुवाच --
śrībhagavānuvāca --

परं भूयः प्रवक्ष्यामि ज्ञानानां ज्ञानमुत्तमम् ।
paraṁ bhūyaḥ pravakṣyāmi jñānānāṁ jñānamuttamam
यज्ज्ञात्वा मुनयः सर्वे परां सिद्धिमितो गताः ॥ १४-१ ॥
yajjñātvā munayaḥ sarve parāṁ siddhimito gatāḥ (14-1)

इदं ज्ञानमुपाश्रित्य मम साधर्म्यमागताः ।
idaṁ jñānamupāśritya mama sādharmyamāgatāḥ
सर्गेऽपि नोपजायन्ते प्रलये न व्यथन्ति च ॥ १४-२ ॥
sarge'pi nopajāyante pralaye na vyathanti ca (14-2)

मम योनिर्महद् ब्रह्म तस्मिन्गर्भं दधाम्यहम् ।
mama yonirmahad brahma tasmingarbhaṁ dadhāmyaham
सम्भवः सर्वभूतानां ततो भवति भारत ॥ १४-३ ॥
sambhavaḥ sarvabhūtānāṁ tato bhavati bhārata (14-3)

सर्वयोनिषु कौन्तेय मूर्तयः सम्भवन्ति याः ।
sarvayoniṣu kaunteya mūrtayaḥ sambhavanti yāḥ
तासां ब्रह्म महद्योनिरहं बीजप्रदः पिता ॥ १४-४ ॥
tāsāṁ brahma mahadyoniraham bījapradaḥ pitā (14-4)

सत्त्वं रजस्तम इति गुणाः प्रकृतिसम्भवाः ।
sattvaṁ rajastama iti guṇāḥ prakṛtisambhavāḥ
निबध्नन्ति महाबाहो देहे देहिनमव्ययम् ॥ १४-५ ॥
nibadhnanti mahābāho dehe dehinamavyayam (14-5)

तत्र सत्त्वं निर्मलत्वात्प्रकाशकमनामयम् ।
tatra sattvaṁ nirmalatvātprakāśakamanāmayam
सुखसङ्गेन बध्नाति ज्ञानसङ्गेन चानघ ॥ १४-६ ॥
sukhasaṅgena badhnāti jñānasaṅgena cānagha (14-6)

रजो रागात्मकं विद्धि तृष्णासङ्गसमुद्भवम् ।
rajo rāgātmakaṁ viddhi tṛṣṇāsaṅgasamudbhavam
तन्निबध्नाति कौन्तेय कर्मसङ्गेन देहिनम् ॥१४-७॥
tannibadhnāti kaunteya karmasaṅgena dehinam (14-7)

तमस्त्वज्ञानजं विद्धि मोहनं सर्वदेहिनाम् ।
tamastvajñānajaṁ viddhi mohanaṁ sarvadehinām
प्रमादालस्यनिद्राभिस्तन्निबध्नाति भारत ॥१४-८॥
pramādālasyanidrābhistannibadhnāti bhārata (14-8)

सत्त्वं सुखे सञ्जयति रजः कर्मणि भारत ।
sattvaṁ sukhe sañjayati rajaḥ karmaṇi bhārata
ज्ञानमावृत्य तु तमः प्रमादे सञ्जयत्युत ॥१४-९॥
jñānamāvṛtya tu tamaḥ pramāde sañjayatyuta (14-9)

रजस्तमश्चाभिभूय सत्त्वं भवति भारत ।
rajastamaścābhibhūya sattvaṁ bhavati bhārata
रजः सत्त्वं तमश्चैव तमः सत्त्वं रजस्तथा ॥१४-१०॥
rajaḥ sattvaṁ tamaścaiva tamaḥ sattvaṁ rajastathā (14-10)

सर्वद्वारेषु देहेऽस्मिन्प्रकाश उपजायते ।
sarvadvāreṣu dehe'sminprakāśa upajāyate
ज्ञानं यदा तदा विद्याद्विवृद्धं सत्त्वमित्युत ॥१४-११॥
jñānaṁ yadā tadā vidyādvivṛddhaṁ sattvamityuta (14-11)

लोभः प्रवृत्तिरारम्भः कर्मणामशमः स्पृहा ।
lobhaḥ pravṛttirārambhaḥ karmaṇāmaśamaḥ spṛhā
रजस्येतानि जायन्ते विवृद्धे भरतर्षभ ॥१४-१२॥
rajasyetāni jāyante vivṛddhe bharatarṣabha (14-12)

अप्रकाशोऽप्रवृत्तिश्च प्रमादो मोह एव च ।
aprakāśo'pravṛttiśca pramādo moha eva ca
तमस्येतानि जायन्ते विवृद्धे कुरुनन्दन ॥१४-१३॥
tamasyetāni jāyante vivṛddhe kurunandana (14-13)

यदा सत्त्वे प्रवृद्धे तु प्रलयं याति देहभृत् ।
yadā sattve pravṛddhe tu pralayaṁ yāti dehabhṛt
तदोत्तमविदां लोकानमलान्प्रतिपद्यते ॥१४-१४॥
tadottamavidāṁ lokānamalānpratipadyate (14-14)

रजसि प्रलयं गत्वा कर्मसङ्गिषु जायते ।
rajasi pralayaṁ gatvā karmasaṅgiṣu jāyate
तथा प्रलीनस्तमसि मूढयोनिषु जायते ॥१४-१५॥
tathā pralīnastamasi mūḍhayoniṣu jāyate (14-15)

कर्मणः सुकृतस्याहुः सात्त्विकं निर्मलं फलम् ।
karmaṇaḥ sukṛtasyāhuḥ sāttvikaṁ nirmalaṁ phalam
रजसस्तु फलं दुःखमज्ञानं तमसः फलम् ॥१४-१६॥
rajasastu phalaṁ duḥkhamajñānaṁ tamasaḥ phalam (14-16)

सत्त्वात्सञ्जायते ज्ञानं रजसो लोभ एव च ।
sattvātsañjāyate jñānaṁ rajaso lobha eva ca
प्रमादमोहौ तमसो भवतोऽज्ञानमेव च ॥१४-१७॥
pramādamohau tamaso bhavato'jñānameva ca (14-17)

ऊर्ध्वं गच्छन्ति सत्त्वस्था मध्ये तिष्ठन्ति राजसाः ।
ūrdhvaṁ gacchanti sattvasthā madhye tiṣṭhanti rājasāḥ
जघन्यगुणवृत्तिस्था अधो गच्छन्ति तामसाः ॥१४-१८॥
jaghanyaguṇavṛttisthā adho gacchanti tāmasāḥ (14-18)

नान्यं गुणेभ्यः कर्तारं यदा द्रष्टानुपश्यति ।
nānyaṁ guṇebhyaḥ kartāraṁ yadā draṣṭānupaśyati
गुणेभ्यश्च परं वेत्ति मद्भावं सोऽधिगच्छति ॥१४-१९॥
guṇebhyaśca paraṁ vetti madbhāvaṁ so'dhigacchati (14-19)

गुणानेतानतीत्य त्रीन्देही देहसमुद्भवान् ।
guṇānetānatītya trīndehī dehasamudbhavān
जन्ममृत्युजरादुःखैर्विमुक्तोऽमृतमश्नुते ॥१४-२०॥
janmamṛtyujarāduḥkhairvimukto'mṛtamaśnute (14-20)

अर्जुन उवाच --
arjuna uvāca --

कैर्लिङ्गैस्त्रीन्गुणानेतानतीतो भवति प्रभो ।
kairliṅgaistrīnguṇānetānatīto bhavati prabho
किमाचारः कथं चैतांस्त्रीन्गुणानतिवर्तते ॥१४-२१॥
kimācāraḥ kathaṁ caitāṁstrīnguṇānativartate (14-21)

श्रीभगवानुवाच --
śrībhagavānuvāca --

प्रकाशं च प्रवृत्तिं च मोहमेव च पाण्डव ।
prakāśaṁ ca pravṛttiṁ ca mohameva ca pāṇḍava
न द्वेष्टि सम्प्रवृत्तानि न निवृत्तानि काङ्क्षति ॥१४-२२॥
na dveṣṭi sampravṛttāni na nivṛttāni kāṅkṣati (14-22)

उदासीनवदासीनो गुणैर्यो न विचाल्यते ।
udāsīnavadāsīno guṇairyo na vicālyate
गुणा वर्तन्त इत्येवं योऽवतिष्ठति नेङ्गते ॥१४-२३॥
guṇā vartanta ityevaṁ yo'vatiṣṭhati neṅgate (14-23)

समदुःखसुखः स्वस्थः समलोष्टाश्मकाञ्चनः ।
samaduḥkhasukhaḥ svasthaḥ samaloṣṭāśmakāñcanaḥ
तुल्यप्रियाप्रियो धीरस्तुल्यनिन्दात्मसंस्तुतिः ॥१४-२४॥
tulyapriyāpriyo dhīrastulyanindātmasaṁstutiḥ (14-24)

मानापमानयोस्तुल्यस्तुल्यो मित्रारिपक्षयोः ।
mānāpamānayostulyastulyo mitrāripakṣayoḥ
सर्वारम्भपरित्यागी गुणातीतः स उच्यते ॥१४-२५॥
sarvārambhaparityāgī guṇātītaḥ sa ucyate (14-25)

मां च योऽव्यभिचारेण भक्तियोगेन सेवते ।
māṁ ca yo'vyabhicāreṇa bhaktiyogena sevate
स गुणान्समतीत्यैतान्ब्रह्मभूयाय कल्पते ॥१४-२६॥
sa guṇānsamatītyaitānbrahmabhūyāya kalpate (14-26)

ब्रह्मणो हि प्रतिष्ठाहममृतस्याव्ययस्य च ।
brahmaṇo hi pratiṣṭhāhamamṛtasyāvyayasya ca
शाश्वतस्य च धर्मस्य सुखस्यैकान्तिकस्य च ॥१४-२७॥
śāśvatasya ca dharmasya sukhasyaikāntikasya ca (14-27)

ॐ तत्सदिति श्रीमद्भगवद्गीतासूपनिषत्सु
om tatsaditi śrīmadbhagavadgītāsūpaniṣatsu
ब्रह्मविद्यायां योगशास्त्रे श्रीकृष्णार्जुनसंवादे
brahmavidyāyāṁ yogaśāstre śrīkṛṣṇārjunasaṁvāde
गुणत्रयविभागयोगो नाम चतुर्दशोऽध्यायः ॥
guṇatrayavibhāgayogo nāma caturdaśo'dhyāyaḥ .

~ॐ~ॐ~ॐ~ॐ~ॐ~ॐ~ ॐ~ ॐ~ ॐ~

पञ्चदशोऽध्यायः - पुरुषोत्तमयोगः

pañcadaśo'dhyāyaḥ - puruṣottamayogaḥ

श्रीभगवानुवाच --
śrībhagavānuvāca --

ऊर्ध्वमूलमधःशाखमश्वत्थं प्राहुरव्ययम् ।
ūrdhvamūlamadhaḥśākhamaśvatthaṁ prāhuravyayam
छन्दांसि यस्य पर्णानि यस्तं वेद स वेदवित् ॥१५-१॥
chandāṁsi yasya parṇāni yastaṁ veda sa vedavit (15-1)

अधश्चोर्ध्वं प्रसृतास्तस्य शाखा गुणप्रवृद्धा विषयप्रवालाः ।
adhaścordhvaṁ prasṛtāstasya śākhā guṇapravṛddhā viṣayapravālāḥ
अधश्च मूलान्यनुसन्ततानि कर्मानुबन्धीनि मनुष्यलोके ॥१५-२॥
adhaśca mūlānyanusantatāni karmānubandhīni manuṣyaloke (15-2)

न रूपमस्येह तथोपलभ्यते नान्तो न चादिर्न च सम्प्रतिष्ठा ।
na rūpamasyeha tathopalabhyate nānto na cādirna ca sampratiṣṭhā
अश्वत्थमेनं सुविरूढमूलं असङ्गशस्त्रेण दृढेन छित्त्वा ॥१५-३॥
aśvatthamenaṁ suvirūḍhamūlaṁ
asaṅgaśastreṇa dṛḍhena chittvā (15-3)

ततः पदं तत्परिमार्गितव्यं यस्मिन्गता न निवर्तन्ति भूयः ।
tataḥ padaṁ tatparimārgitavyaṁ yasmingatā na nivartanti bhūyaḥ
तमेव चाद्यं पुरुषं प्रपद्ये यतः प्रवृत्तिः प्रसृता पुराणी ॥१५-४॥
tameva cādyaṁ puruṣaṁ prapadye
yataḥ pravṛttiḥ prasṛtā purāṇī (15-4)

निर्मानमोहा जितसङ्गदोषा अध्यात्मनित्या विनिवृत्तकामाः ।
nirmānamohā jitasaṅgadoṣā adhyātmanityā vinivṛttakāmāḥ
द्वन्द्वैर्विमुक्ताः सुखदुःखसंज्ञैर्गच्छन्त्यमूढाः पदमव्ययं तत् ॥१५-५॥
dvandvairvimuktāḥ sukhaduḥkhasaṁjñair-
gacchantyamūḍhāḥ padamavyayaṁ tat (15-5)

न तद्भासयते सूर्यो न शशाङ्को न पावकः ।
na tadbhāsayate sūryo na śaśāṅko na pāvakaḥ
यद्गत्वा न निवर्तन्ते तद्धाम परमं मम ॥१५-६॥
yadgatvā na nivartante taddhāma paramaṁ mama (15-6)

ममैवांशो जीवलोके जीवभूतः सनातनः ।
mamaivāṁśo jīvaloke jīvabhūtaḥ sanātanaḥ
मनःषष्ठानीन्द्रियाणि प्रकृतिस्थानि कर्षति ॥१५-७॥
manaḥṣaṣṭhānīndriyāṇi prakṛtisthāni karṣati (15-7)

शरीरं यदवाप्नोति यच्चाप्युत्क्रामतीश्वरः ।
śarīraṁ yadavāpnoti yaccāpyutkrāmatīśvaraḥ
गृहीत्वैतानि संयाति वायुर्गन्धानिवाशयात् ॥१५-८॥
gṛhītvaitāni saṁyāti vāyurgandhānivāśayāt (15-8)

श्रोत्रं चक्षुः स्पर्शनं च रसनं घ्राणमेव च ।
śrotraṁ cakṣuḥ sparśanaṁ ca rasanaṁ ghrāṇameva ca
अधिष्ठाय मनश्चायं विषयानुपसेवते ॥१५-९॥
adhiṣṭhāya manaścāyaṁ viṣayānupasevate (15-9)

उत्क्रामन्तं स्थितं वापि भुञ्जानं वा गुणान्वितम् ।
utkrāmantaṁ sthitaṁ vāpi bhuñjānaṁ vā guṇānvitam
विमूढा नानुपश्यन्ति पश्यन्ति ज्ञानचक्षुषः ॥१५-१०॥
vimūḍhā nānupaśyanti paśyanti jñānacakṣuṣaḥ (15-10)

यतन्तो योगिनश्चैनं पश्यन्त्यात्मन्यवस्थितम् ।
yatanto yoginaścainaṁ paśyantyātmanyavasthitam
यतन्तोऽप्यकृतात्मानो नैनं पश्यन्त्यचेतसः ॥१५-११॥
yatanto'pyakṛtātmāno nainaṁ paśyantyacetasaḥ (15-11)

यदादित्यगतं तेजो जगद्भासयतेऽखिलम् ।
yadādityagataṁ tejo jagadbhāsayate'khilam
यच्चन्द्रमसि यच्चाग्नौ तत्तेजो विद्धि मामकम् ॥१५-१२॥
yaccandramasi yaccāgnau tattejo viddhi māmakam (15-12)

गामाविश्य च भूतानि धारयाम्यहमोजसा ।
gāmāviśya ca bhūtāni dhārayāmyahamojasā
पुष्णामि चौषधीः सर्वाः सोमो भूत्वा रसात्मकः ॥१५-१३॥
puṣṇāmi cauṣadhīḥ sarvāḥ somo bhūtvā rasātmakaḥ (15-13)

अहं वैश्वानरो भूत्वा प्राणिनां देहमाश्रितः ।
ahaṁ vaiśvānaro bhūtvā prāṇināṁ dehamāśritaḥ
प्राणापानसमायुक्तः पचाम्यन्नं चतुर्विधम् ॥१५-१४॥
prāṇāpānasamāyuktaḥ pacāmyannaṁ caturvidham (15-14)

सर्वस्य चाहं हृदि सन्निविष्टो मत्तः स्मृतिर्ज्ञानमपोहनञ्च ।
sarvasya cāhaṁ hṛdi sanniviṣṭo mattaḥ smṛtirjñānamapohanañca
वेदैश्च सर्वैरहमेव वेद्यो वेदान्तकृद्वेदविदेव चाहम् ॥१५-१५॥
vedaiśca sarvairahameva vedyo vedāntakṛdvedavideva cāham (15-15)

द्वाविमौ पुरुषौ लोके क्षरश्चाक्षर एव च ।
dvāvimau puruṣau loke kṣaraścākṣara eva ca
क्षरः सर्वाणि भूतानि कूटस्थोऽक्षर उच्यते ॥१५-१६॥
kṣaraḥ sarvāṇi bhūtāni kūṭastho'kṣara ucyate (15-16)

उत्तमः पुरुषस्त्वन्यः परमात्मेत्युदाहृतः ।
uttamaḥ puruṣastvanyaḥ paramātmetyudāhṛtaḥ
यो लोकत्रयमाविश्य बिभर्त्यव्यय ईश्वरः ॥१५-१७॥
yo lokatrayamāviśya bibhartyavyaya īśvaraḥ (15-17)

यस्मात्क्षरमतीतोऽहमक्षरादपि चोत्तमः ।
yasmātkṣaramatīto'hamakṣarādapi cottamaḥ
अतोऽस्मि लोके वेदे च प्रथितः पुरुषोत्तमः ॥१५-१८॥
ato'smi loke vede ca prathitaḥ puruṣottamaḥ (15-18)

यो मामेवमसम्मूढो जानाति पुरुषोत्तमम् ।
yo māmevamasammūḍho jānāti puruṣottamam
स सर्वविद्भजति मां सर्वभावेन भारत ॥१५-१९॥
sa sarvavidbhajati māṁ sarvabhāvena bhārata (15-19)

इति गुह्यतमं शास्त्रमिदमुक्तं मयानघ ।
iti guhyatamaṁ śāstramidamuktaṁ mayānagha
एतद्बुद्ध्वा बुद्धिमान्स्यात्कृतकृत्यश्च भारत ॥१५-२०॥
etadbuddhvā buddhimānsyātkṛtakṛtyaśca bhārata (15-20)

ॐ तत्सदिति श्रीमद्भगवद्गीतासूपनिषत्सु
om tatsaditi śrīmadbhagavadgītāsūpaniṣatsu
ब्रह्मविद्यायां योगशास्त्रे श्रीकृष्णार्जुनसंवादे
brahmavidyāyāṁ yogaśāstre śrīkṛṣṇārjunasaṁvāde
पुरुषोत्तमयोगो नाम पञ्चदशोऽध्यायः ॥
puruṣottamayogo nāma pañcadaśo'dhyāyaḥ .

~ॐ~ॐ~ॐ~ॐ~ॐ~ॐ~ ॐ~ ॐ~ ॐ~

षोडशोऽध्यायः - दैवासुरसम्पद्विभागयोगः

ṣoḍaśo'dhyāyaḥ - daivāsurasampadvibhāgayogaḥ

श्रीभगवानुवाच --
śrībhagavānuvāca --

अभयं सत्त्वसंशुद्धिर्ज्ञानयोगव्यवस्थितिः ।
abhayaṁ sattvasaṁśuddhirjñānayogavyavasthitiḥ
दानं दमश्च यज्ञश्च स्वाध्यायस्तप आर्जवम् ॥१६-१॥
dānaṁ damaśca yajñaśca svādhyāyastapa ārjavam (16-1)

अहिंसा सत्यमक्रोधस्त्यागः शान्तिरपैशुनम् ।
ahiṁsā satyamakrodhastyāgaḥ śāntirapaiśunam
दया भूतेष्वलोलुप्त्वं मार्दवं ह्रीरचापलम् ॥१६-२॥
dayā bhūteṣvaloluptvaṁ mārdavaṁ hrīracāpalam (16-2)

तेजः क्षमा धृतिः शौचमद्रोहो नातिमानिता ।
tejaḥ kṣamā dhṛtiḥ śaucamadroho nātimānitā
भवन्ति सम्पदं दैवीमभिजातस्य भारत ॥१६-३॥
bhavanti sampadaṁ daivīmabhijātasya bhārata (16-3)

दम्भो दर्पोऽभिमानश्च क्रोधः पारुष्यमेव च ।
dambho darpo'bhimānaśca krodhaḥ pāruṣyameva ca
अज्ञानं चाभिजातस्य पार्थ सम्पदमासुरीम् ॥१६-४॥
ajñānaṁ cābhijātasya pārtha sampadamāsurīm (16-4)

दैवी सम्पद्विमोक्षाय निबन्धायासुरी मता ।
daivī sampadvimokṣāya nibandhāyāsurī matā
मा शुचः सम्पदं दैवीमभिजातोऽसि पाण्डव ॥१६-५॥
mā śucaḥ sampadaṁ daivīmabhijāto'si pāṇḍava (16-5)

द्वौ भूतसर्गौ लोकेऽस्मिन्दैव आसुर एव च ।
dvau bhūtasargau loke'smindaiva āsura eva ca
दैवो विस्तरशः प्रोक्त आसुरं पार्थ मे शृणु ॥१६-६॥
daivo vistaraśaḥ prokta āsuraṁ pārtha me śṛṇu (16-6)

प्रवृत्तिं च निवृत्तिं च जना न विदुरासुराः ।
pravṛttiṁ ca nivṛttiṁ ca janā na vidurāsurāḥ
न शौचं नापि चाचारो न सत्यं तेषु विद्यते ॥१६-७॥
na śaucaṁ nāpi cācāro na satyaṁ teṣu vidyate (16-7)

असत्यमप्रतिष्ठं ते जगदाहुरनीश्वरम् ।
asatyamapratiṣṭhaṁ te jagadāhuranīśvaram
अपरस्परसम्भूतं किमन्यत्कामहैतुकम् ॥१६-८॥
aparasparasambhūtaṁ kimanyatkāmahaitukam (16-8)

एतां दृष्टिमवष्टभ्य नष्टात्मानोऽल्पबुद्धयः ।
etāṁ dṛṣṭimavaṣṭabhya naṣṭātmāno'lpabuddhayaḥ
प्रभवन्त्युग्रकर्माणः क्षयाय जगतोऽहिताः ॥१६-९॥
prabhavantyugrakarmāṇaḥ kṣayāya jagato'hitāḥ (16-9)

काममाश्रित्य दुष्पूरं दम्भमानमदान्विताः ।
kāmamāśritya duṣpūraṁ dambhamānamadānvitāḥ
मोहाद्गृहीत्वासद्ग्राहान्प्रवर्तन्तेऽशुचिव्रताः ॥१६-१०॥
mohādgṛhītvāsadgrāhānpravartante'śucivratāḥ (16-10)

चिन्तामपरिमेयां च प्रलयान्तामुपाश्रिताः ।
cintāmaparimeyāṁ ca pralayāntāmupāśritāḥ
कामोपभोगपरमा एतावदिति निश्चिताः ॥१६-११॥
kāmopabhogaparamā etāvaditi niścitāḥ (16-11)

आशापाशशतैर्बद्धाः कामक्रोधपरायणाः ।
āśāpāśaśatairbaddhāḥ kāmakrodhaparāyaṇāḥ
ईहन्ते कामभोगार्थमन्यायेनार्थसञ्चयान् ॥१६-१२॥
īhante kāmabhogārthamanyāyenārthasañcayān (16-12)

इदमद्य मया लब्धमिमं प्राप्स्ये मनोरथम् ।
idamadya mayā labdhamimaṁ prāpsye manoratham
इदमस्तीदमपि मे भविष्यति पुनर्धनम् ॥१६-१३॥
idamastīdamapi me bhaviṣyati punardhanam (16-13)

असौ मया हतः शत्रुर्हनिष्ये चापरानपि ।
asau mayā hataḥ śatrurhaniṣye cāparānapi
ईश्वरोऽहमहं भोगी सिद्धोऽहं बलवान्सुखी ॥१६-१४॥
īśvaro'hamahaṁ bhogī siddho'haṁ balavānsukhī (16-14)

आढ्योऽभिजनवानस्मि कोऽन्योऽस्ति सदृशो मया ।
āḍhyo'bhijanavānasmi ko'nyo'sti sadṛśo mayā

यक्ष्ये दास्यामि मोदिष्य इत्यज्ञानविमोहिताः ॥१६-१५॥
yakṣye dāsyāmi modiṣya ityajñānavimohitāḥ (16-15)

अनेकचित्तविभ्रान्ता मोहजालसमावृताः ।
anekacittavibhrāntā mohajālasamāvṛtāḥ

प्रसक्ताः कामभोगेषु पतन्ति नरकेऽशुचौ ॥१६-१६॥
prasaktāḥ kāmabhogeṣu patanti narake'śucau (16-16)

आत्मसम्भाविताः स्तब्धा धनमानमदान्विताः ।
ātmasambhāvitāḥ stabdhā dhanamānamadānvitāḥ

यजन्ते नामयज्ञैस्ते दम्भेनाविधिपूर्वकम् ॥१६-१७॥
yajante nāmayajñaiste dambhenāvidhipūrvakam (16-17)

अहङ्कारं बलं दर्पं कामं क्रोधं च संश्रिताः ।
ahaṅkāraṁ balaṁ darpaṁ kāmaṁ krodhaṁ ca saṁśritāḥ

मामात्मपरदेहेषु प्रद्विषन्तोऽभ्यसूयकाः ॥१६-१८॥
māmātmaparadeheṣu pradviṣanto'bhyasūyakāḥ (16-18)

तानहं द्विषतः क्रूरान्संसारेषु नराधमान् ।
tānahaṁ dviṣataḥ krūrānsaṁsāreṣu narādhamān

क्षिपाम्यजस्रमशुभानासुरीष्वेव योनिषु ॥१६-१९॥
kṣipāmyajasramaśubhānāsurīṣveva yoniṣu (16-19)

आसुरीं योनिमापन्ना मूढा जन्मनि जन्मनि ।
āsurīṁ yonimāpannā mūḍhā janmani janmani

मामप्राप्यैव कौन्तेय ततो यान्त्यधमां गतिम् ॥१६-२०॥
māmaprāpyaiva kaunteya tato yāntyadhamāṁ gatim (16-20)

त्रिविधं नरकस्येदं द्वारं नाशनमात्मनः ।
trividhaṁ narakasyedaṁ dvāraṁ nāśanamātmanaḥ

कामः क्रोधस्तथा लोभस्तस्मादेतत्त्रयं त्यजेत् ॥१६-२१॥
kāmaḥ krodhastathā lobhastasmādetattrayaṁ tyajet (16-21)

एतैर्विमुक्तः कौन्तेय तमोद्वारैस्त्रिभिर्नरः ।
etairvimuktaḥ kaunteya tamodvāraistribhirnaraḥ

आचरत्यात्मनः श्रेयस्ततो याति परां गतिम् ॥१६-२२॥
ācaratyātmanaḥ śreyastato yāti parāṁ gatim (16-22)

यः शास्त्रविधिमुत्सृज्य वर्तते कामकारतः ।
yaḥ śāstravidhimutsṛjya vartate kāmakārataḥ
न स सिद्धिमवाप्नोति न सुखं न परां गतिम् ॥१६-२३॥
na sa siddhimavāpnoti na sukhaṁ na parāṁ gatim (16-23)

तस्माच्छास्त्रं प्रमाणं ते कार्याकार्यव्यवस्थितौ ।
tasmācchāstraṁ pramāṇaṁ te kāryākāryavyavasthitau
ज्ञात्वा शास्त्रविधानोक्तं कर्म कर्तुमिहार्हसि ॥१६-२४॥
jñātvā śāstravidhānoktaṁ karma kartumihārhasi (16-24)

ॐ तत्सदिति श्रीमद्भगवद्गीतासूपनिषत्सु
om tatsaditi śrīmadbhagavadgītāsūpaniṣatsu
ब्रह्मविद्यायां योगशास्त्रे श्रीकृष्णार्जुनसंवादे
brahmavidyāyāṁ yogaśāstre śrīkṛṣṇārjunasaṁvāde
दैवासुरसम्पद्विभागयोगो नाम षोडशोऽध्यायः ॥
daivāsurasampadvibhāgayogo nāma ṣoḍaśo'dhyāyaḥ .

~ॐ~ॐ~ॐ~ॐ~ॐ~ॐ~ ॐ~ ॐ~ ॐ~

सप्तदशोऽध्यायः - श्रद्धात्रयविभागयोगः

saptadaśo'dhyāyaḥ - śraddhātrayavibhāgayogaḥ

अर्जुन उवाच --
arjuna uvāca --

ये शास्त्रविधिमुत्सृज्य यजन्ते श्रद्धयान्विताः ।
ye śāstravidhimutsṛjya yajante śraddhayānvitāḥ
तेषां निष्ठा तु का कृष्ण सत्त्वमाहो रजस्तमः ॥१७-१॥
teṣāṁ niṣṭhā tu kā kṛṣṇa sattvamāho rajastamaḥ (17-1)

श्रीभगवानुवाच --
śrībhagavānuvāca --

त्रिविधा भवति श्रद्धा देहिनां सा स्वभावजा ।
trividhā bhavati śraddhā dehināṁ sā svabhāvajā
सात्त्विकी राजसी चैव तामसी चेति तां शृणु ॥१७-२॥
sāttvikī rājasī caiva tāmasī ceti tāṁ śṛṇu (17-2)

सत्त्वानुरूपा सर्वस्य श्रद्धा भवति भारत ।
sattvānurūpā sarvasya śraddhā bhavati bhārata
श्रद्धामयोऽयं पुरुषो यो यच्छ्रद्धः स एव सः ॥१७-३॥
śraddhāmayo'yaṁ puruṣo yo yacchraddhaḥ sa eva saḥ (17-3)

यजन्ते सात्त्विका देवान्यक्षरक्षांसि राजसाः ।
yajante sāttvikā devānyakṣarakṣāṁsi rājasāḥ
प्रेतान्भूतगणांश्चान्ये यजन्ते तामसा जनाः ॥१७-४॥
pretānbhūtagaṇāṁścānye yajante tāmasā janāḥ (17-4)

अशास्त्रविहितं घोरं तप्यन्ते ये तपो जनाः ।
aśāstravihitaṁ ghoraṁ tapyante ye tapo janāḥ
दम्भाहङ्कारसंयुक्ताः कामरागबलान्विताः ॥१७-५॥
dambhāhaṅkārasaṁyuktāḥ kāmarāgabalānvitāḥ (17-5)

कर्षयन्तः शरीरस्थं भूतग्राममचेतसः ।
karṣayantaḥ śarīrasthaṁ bhūtagrāmamacetasaḥ
मां चैवान्तःशरीरस्थं तान्विद्ध्यासुरनिश्चयान् ॥१७-६॥
māṁ caivāntaḥśarīrasthaṁ tānviddhyāsuraniścayān (17-6)

आहारस्त्वपि सर्वस्य त्रिविधो भवति प्रियः ।
āhārastvapi sarvasya trividho bhavati priyaḥ
यज्ञस्तपस्तथा दानं तेषां भेदमिमं शृणु ॥१७-७॥
yajñastapastathā dānaṁ teṣāṁ bhedamimaṁ śṛṇu (17-7)

आयुःसत्त्वबलारोग्यसुखप्रीतिविवर्धनाः ।
āyuḥsattvabalārogyasukhaprītivivardhanāḥ
रस्याः स्निग्धाः स्थिरा हृद्या आहाराः सात्त्विकप्रियाः ॥१७-८॥
rasyāḥ snigdhāḥ sthirā hṛdyā āhārāḥ sāttvikapriyāḥ (17-8)

कट्वम्ललवणात्युष्णतीक्ष्णरूक्षविदाहिनः ।
kaṭvamlalavaṇātyuṣṇatīkṣṇarūkṣavidāhinaḥ
आहारा राजसस्येष्टा दुःखशोकामयप्रदाः ॥१७-९॥
āhārā rājasasyeṣṭā duḥkhaśokāmayapradāḥ (17-9)

यातयामं गतरसं पूति पर्युषितं च यत् ।
yātayāmaṁ gatarasaṁ pūti paryuṣitaṁ ca yat
उच्छिष्टमपि चामेध्यं भोजनं तामसप्रियम् ॥१७-१०॥
ucchiṣṭamapi cāmedhyaṁ bhojanaṁ tāmasapriyam (17-10)

अफलाकाङ्क्षिभिर्यज्ञो विधिदृष्टो य इज्यते ।
aphalākāṅkṣibhiryajño vidhidṛṣṭo ya ijyate
यष्टव्यमेवेति मनः समाधाय स सात्त्विकः ॥१७-११॥
yaṣṭavyameveti manaḥ samādhāya sa sāttvikaḥ (17-11)

अभिसन्धाय तु फलं दम्भार्थमपि चैव यत् ।
abhisandhāya tu phalaṁ dambhārthamapi caiva yat
इज्यते भरतश्रेष्ठ तं यज्ञं विद्धि राजसम् ॥१७-१२॥
ijyate bharataśreṣṭha taṁ yajñaṁ viddhi rājasam (17-12)

विधिहीनमसृष्टान्नं मन्त्रहीनमदक्षिणम् ।
vidhihīnamasṛṣṭānnaṁ mantrahīnamadakṣiṇam
श्रद्धाविरहितं यज्ञं तामसं परिचक्षते ॥१७-१३॥
śraddhāvirahitaṁ yajñaṁ tāmasaṁ paricakṣate (17-13)

देवद्विजगुरुप्राज्ञपूजनं शौचमार्जवम् ।
devadvijaguruprājñapūjanaṁ śaucamārjavam
ब्रह्मचर्यमहिंसा च शारीरं तप उच्यते ॥१७-१४॥
brahmacaryamahiṁsā ca śārīraṁ tapa ucyate (17-14)

अनुद्वेगकरं वाक्यं सत्यं प्रियहितं च यत् ।
anudvegakaraṁ vākyaṁ satyaṁ priyahitaṁ ca yat
स्वाध्यायाभ्यसनं चैव वाङ्मयं तप उच्यते ॥१७-१५॥
svādhyāyābhyasanaṁ caiva vāṅmayaṁ tapa ucyate (17-15)

मनः प्रसादः सौम्यत्वं मौनमात्मविनिग्रहः ।
manaḥ prasādaḥ saumyatvaṁ maunamātmavinigrahaḥ
भावसंशुद्धिरित्येतत्तपो मानसमुच्यते ॥१७-१६॥
bhāvasaṁśuddhirityetattapo mānasamucyate (17-16)

श्रद्धया परया तप्तं तपस्तत्त्रिविधं नरैः ।
śraddhayā parayā taptaṁ tapastattrividhaṁ naraiḥ
अफलाकाङ्क्षिभिर्युक्तैः सात्त्विकं परिचक्षते ॥१७-१७॥
aphalākāṅkṣibhiryuktaiḥ sāttvikaṁ paricakṣate (17-17)

सत्कारमानपूजार्थं तपो दम्भेन चैव यत् ।
satkāramānapūjārthaṁ tapo dambhena caiva yat
क्रियते तदिह प्रोक्तं राजसं चलमध्रुवम् ॥१७-१८॥
kriyate tadiha proktaṁ rājasaṁ calamadhruvam (17-18)

मूढग्राहेणात्मनो यत्पीडया क्रियते तपः ।
mūḍhagrāheṇātmano yatpīḍayā kriyate tapaḥ
परस्योत्सादनार्थं वा तत्तामसमुदाहृतम् ॥१७-१९॥
parasyotsādanārthaṁ vā tattāmasamudāhṛtam (17-19)

दातव्यमिति यद्दानं दीयतेऽनुपकारिणे ।
dātavyamiti yaddānaṁ dīyate'nupakāriṇe
देशे काले च पात्रे च तद्दानं सात्त्विकं स्मृतम् ॥१७-२०॥
deśe kāle ca pātre ca taddānaṁ sāttvikaṁ smṛtam (17-20)

यत्तु प्रत्युपकारार्थं फलमुद्दिश्य वा पुनः ।
yattu pratyupakārārthaṁ phalamuddiśya vā punaḥ
दीयते च परिक्लिष्टं तद्दानं राजसं स्मृतम् ॥१७-२१॥
dīyate ca parikliṣṭaṁ taddānaṁ rājasaṁ smṛtam (17-21)

अदेशकाले यद्दानमपात्रेभ्यश्च दीयते ।
adeśakāle yaddānamapātrebhyaśca dīyate
असत्कृतमवज्ञातं तत्तामसमुदाहृतम् ॥१७-२२॥
asatkṛtamavajñātaṁ tattāmasamudāhṛtam (17-22)

ॐतत्सदिति निर्देशो ब्रह्मणस्त्रिविधः स्मृतः ।
omtatsaditi nirdeśo brahmaṇastrividhaḥ smṛtaḥ
ब्राह्मणास्तेन वेदाश्च यज्ञाश्च विहिताः पुरा ॥१७-२३॥
brāhmaṇāstena vedāśca yajñāśca vihitāḥ purā (17-23)

तस्मादोमित्युदाहृत्य यज्ञदानतपःक्रियाः ।
tasmādomityudāhṛtya yajñadānatapaḥkriyāḥ
प्रवर्तन्ते विधानोक्ताः सततं ब्रह्मवादिनाम् ॥१७-२४॥
pravartante vidhānoktāḥ satataṁ brahmavādinām (17-24)

तदित्यनभिसन्धाय फलं यज्ञतपःक्रियाः ।
tadityanabhisandhāya phalaṁ yajñatapaḥkriyāḥ
दानक्रियाश्च विविधाः क्रियन्ते मोक्षकाङ्क्षिभिः ॥१७-२५॥
dānakriyāśca vividhāḥ kriyante mokṣakāṅkṣibhiḥ (17-25)

सद्भावे साधुभावे च सदित्येतत्प्रयुज्यते ।
sadbhāve sādhubhāve ca sadityetatprayujyate
प्रशस्ते कर्मणि तथा सच्छब्दः पार्थ युज्यते ॥१७-२६॥
praśaste karmaṇi tathā sacchabdaḥ pārtha yujyate (17-26)

यज्ञे तपसि दाने च स्थितिः सदिति चोच्यते ।
yajñe tapasi dāne ca sthitiḥ saditi cocyate
कर्म चैव तदर्थीयं सदित्येवाभिधीयते ॥१७-२७॥
karma caiva tadarthīyaṁ sadityevābhidhīyate (17-27)

अश्रद्धया हुतं दत्तं तपस्तप्तं कृतं च यत् ।
aśraddhayā hutaṁ dattaṁ tapastaptaṁ kṛtaṁ ca yat
असदित्युच्यते पार्थ न च तत्प्रेत्य नो इह ॥१७-२८॥
asadityucyate pārtha na ca tatpretya no iha (17-28)

ॐ तत्सदिति श्रीमद्भगवद्गीतासूपनिषत्सु
om tatsaditi śrīmadbhagavadgītāsūpaniṣatsu
ब्रह्मविद्यायां योगशास्त्रे श्रीकृष्णार्जुनसंवादे
brahmavidyāyāṁ yogaśāstre śrīkṛṣṇārjunasaṁvāde
श्रद्धात्रयविभागयोगो नाम सप्तदशोऽध्यायः ॥
śraddhātrayavibhāgayogo nāma saptadaśo'dhyāyaḥ .

~ॐ~ॐ~ॐ~ॐ~ॐ~ॐ~ ॐ~ ॐ~ ॐ~

अष्टादशोऽध्यायः - मोक्षसंन्यासयोगः

aṣṭādaśo'dhyāyaḥ - mokṣasaṁnyāsayogaḥ

अर्जुन उवाच --
arjuna uvāca --

संन्यासस्य महाबाहो तत्त्वमिच्छामि वेदितुम् ।
saṁnyāsasya mahābāho tattvamicchāmi veditum

त्यागस्य च हृषीकेश पृथक्केशिनिषूदन ॥१८-१॥
tyāgasya ca hṛṣīkeśa pṛthakkeśiniṣūdana (18-1)

श्रीभगवानुवाच --
śrībhagavānuvāca --

काम्यानां कर्मणां न्यासं संन्यासं कवयो विदुः ।
kāmyānāṁ karmaṇāṁ nyāsaṁ saṁnyāsaṁ kavayo viduḥ

सर्वकर्मफलत्यागं प्राहुस्त्यागं विचक्षणाः ॥१८-२॥
sarvakarmaphalatyāgaṁ prāhustyāgaṁ vicakṣaṇāḥ (18-2)

त्याज्यं दोषवदित्येके कर्म प्राहुर्मनीषिणः ।
tyājyaṁ doṣavadityeke karma prāhurmanīṣiṇaḥ

यज्ञदानतपःकर्म न त्याज्यमिति चापरे ॥१८-३॥
yajñadānatapaḥkarma na tyājyamiti cāpare (18-3)

निश्चयं श‍ृणु मे तत्र त्यागे भरतसत्तम ।
niścayaṁ śṛṇu me tatra tyāge bharatasattama

त्यागो हि पुरुषव्याघ्र त्रिविधः सम्प्रकीर्तितः ॥१८-४॥
tyāgo hi puruṣavyāghra trividhaḥ samprakīrtitaḥ (18-4)

यज्ञदानतपःकर्म न त्याज्यं कार्यमेव तत् ।
yajñadānatapaḥkarma na tyājyaṁ kāryameva tat

यज्ञो दानं तपश्चैव पावनानि मनीषिणाम् ॥१८-५॥
yajño dānaṁ tapaścaiva pāvanāni manīṣiṇām (18-5)

एतान्यपि तु कर्माणि सङ्गं त्यक्त्वा फलानि च ।
etānyapi tu karmāṇi saṅgaṁ tyaktvā phalāni ca

कर्तव्यानीति मे पार्थ निश्चितं मतमुत्तमम् ॥१८-६॥
kartavyānīti me pārtha niścitaṁ matamuttamam (18-6)

नियतस्य तु संन्यासः कर्मणो नोपपद्यते ।
niyatasya tu saṁnyāsaḥ karmaṇo nopapadyate
मोहात्तस्य परित्यागस्तामसः परिकीर्तितः ॥१८-७॥
mohāttasya parityāgastāmasaḥ parikīrtitaḥ (18-7)

दुःखमित्येव यत्कर्म कायक्लेशभयात्त्यजेत् ।
duḥkhamityeva yatkarma kāyakleśabhayāttyajet
स कृत्वा राजसं त्यागं नैव त्यागफलं लभेत् ॥१८-८॥
sa kṛtvā rājasaṁ tyāgaṁ naiva tyāgaphalaṁ labhet (18-8)

कार्यमित्येव यत्कर्म नियतं क्रियतेऽर्जुन ।
kāryamityeva yatkarma niyataṁ kriyate'rjuna
सङ्गं त्यक्त्वा फलं चैव स त्यागः सात्त्विको मतः ॥१८-९॥
saṅgaṁ tyaktvā phalaṁ caiva sa tyāgaḥ sāttviko mataḥ (18-9)

न द्वेष्ट्यकुशलं कर्म कुशले नानुषज्जते ।
na dveṣṭyakuśalaṁ karma kuśale nānuṣajjate
त्यागी सत्त्वसमाविष्टो मेधावी छिन्नसंशयः ॥१८-१०॥
tyāgī sattvasamāviṣṭo medhāvī chinnasaṁśayaḥ (18-10)

न हि देहभृता शक्यं त्यक्तुं कर्माण्यशेषतः ।
na hi dehabhṛtā śakyaṁ tyaktuṁ karmāṇyaśeṣataḥ
यस्तु कर्मफलत्यागी स त्यागीत्यभिधीयते ॥१८-११॥
yastu karmaphalatyāgī sa tyāgītyabhidhīyate (18-11)

अनिष्टमिष्टं मिश्रं च त्रिविधं कर्मणः फलम् ।
aniṣṭamiṣṭaṁ miśraṁ ca trividhaṁ karmaṇaḥ phalam
भवत्यत्यागिनां प्रेत्य न तु संन्यासिनां क्वचित् ॥१८-१२॥
bhavatyatyāgināṁ pretya na tu saṁnyāsināṁ kvacit (18-12)

पञ्चैतानि महाबाहो कारणानि निबोध मे ।
pañcaitāni mahābāho kāraṇāni nibodha me
साङ्ख्ये कृतान्ते प्रोक्तानि सिद्धये सर्वकर्मणाम् ॥१८-१३॥
sāṅkhye kṛtānte proktāni siddhaye sarvakarmaṇām (18-13)

अधिष्ठानं तथा कर्ता करणं च पृथग्विधम् ।
adhiṣṭhānaṁ tathā kartā karaṇaṁ ca pṛthagvidham
विविधाश्च पृथक्चेष्टा दैवं चैवात्र पञ्चमम् ॥१८-१४॥
vividhāśca pṛthakceṣṭā daivaṁ caivātra pañcamam (18-14)

शरीरवाङ्मनोभिर्यत्कर्म प्रारभते नरः ।
śarīravāṅmanobhiryatkarma prārabhate naraḥ
न्याय्यं वा विपरीतं वा पञ्चैते तस्य हेतवः ॥१८-१५॥
nyāyyaṁ vā viparītaṁ vā pañcaite tasya hetavaḥ (18-15)

तत्रैवं सति कर्तारमात्मानं केवलं तु यः ।
tatraivaṁ sati kartāramātmānaṁ kevalaṁ tu yaḥ
पश्यत्यकृतबुद्धित्वान्न स पश्यति दुर्मतिः ॥१८-१६॥
paśyatyakṛtabuddhitvānna sa paśyati durmatiḥ (18-16)

यस्य नाहङ्कृतो भावो बुद्धिर्यस्य न लिप्यते ।
yasya nāhaṅkṛto bhāvo buddhiryasya na lipyate
हत्वाऽपि स इमाँल्लोकान्न हन्ति न निबध्यते ॥१८-१७॥
hatvā'pi sa imām̐llokānna hanti na nibadhyate (18-17)

ज्ञानं ज्ञेयं परिज्ञाता त्रिविधा कर्मचोदना ।
jñānaṁ jñeyaṁ parijñātā trividhā karmacodanā
करणं कर्म कर्तेति त्रिविधः कर्मसङ्ग्रहः ॥१८-१८॥
karaṇaṁ karma karteti trividhaḥ karmasaṅgrahaḥ (18-18)

ज्ञानं कर्म च कर्ता च त्रिधैव गुणभेदतः ।
jñānaṁ karma ca kartā ca tridhaiva guṇabhedataḥ
प्रोच्यते गुणसङ्ख्याने यथावच्छृणु तान्यपि ॥१८-१९॥
procyate guṇasaṅkhyāne yathāvacchṛṇu tānyapi (18-19)

सर्वभूतेषु येनैकं भावमव्ययमीक्षते ।
sarvabhūteṣu yenaikaṁ bhāvamavyayamīkṣate
अविभक्तं विभक्तेषु तज्ज्ञानं विद्धि सात्त्विकम् ॥१८-२०॥
avibhaktaṁ vibhakteṣu tajjñānaṁ viddhi sāttvikam (18-20)

पृथक्त्वेन तु यज्ज्ञानं नानाभावान्पृथग्विधान् ।
pṛthaktvena tu yajjñānaṁ nānābhāvānpṛthagvidhān
वेत्ति सर्वेषु भूतेषु तज्ज्ञानं विद्धि राजसम् ॥१८-२१॥
vetti sarveṣu bhūteṣu tajjñānaṁ viddhi rājasam (18-21)

यत्तु कृत्स्नवदेकस्मिन्कार्ये सक्तमहैतुकम् ।
yattu kṛtsnavadekasminkārye saktamahaitukam
अतत्त्वार्थवदल्पं च तत्तामसमुदाहृतम् ॥१८-२२॥
atattvārthavadalpaṁ ca tattāmasamudāhṛtam (18-22)

नियतं सङ्गरहितमरागद्वेषतः कृतम् ।
niyataṁ saṅgarahitamarāgadveṣataḥ kṛtam
अफलप्रेप्सुना कर्म यत्तत्सात्त्विकमुच्यते ॥१८-२३॥
aphalaprepsunā karma yattatsāttvikamucyate (18-23)

यत्तु कामेप्सुना कर्म साहङ्कारेण वा पुनः ।
yattu kāmepsunā karma sāhaṅkāreṇa vā punaḥ
क्रियते बहुलायासं तद्राजसमुदाहृतम् ॥१८-२४॥
kriyate bahulāyāsaṁ tadrājasamudāhṛtam (18-24)

अनुबन्धं क्षयं हिंसामनपेक्ष्य च पौरुषम् ।
anubandhaṁ kṣayaṁ hiṁsāmanapekṣya ca pauruṣam
मोहादारभ्यते कर्म यत्तत्तामसमुच्यते ॥१८-२५॥
mohādārabhyate karma yattattāmasamucyate (18-25)

मुक्तसङ्गोऽनहंवादी धृत्युत्साहसमन्वितः ।
muktasaṅgo'nahaṁvādī dhṛtyutsāhasamanvitaḥ
सिद्ध्यसिद्ध्योर्निर्विकारः कर्ता सात्त्विक उच्यते ॥१८-२६॥
siddhyasiddhyornirvikāraḥ kartā sāttvika ucyate (18-26)

रागी कर्मफलप्रेप्सुर्लुब्धो हिंसात्मकोऽशुचिः ।
rāgī karmaphalaprepsurlubdho hiṁsātmako'śuciḥ
हर्षशोकान्वितः कर्ता राजसः परिकीर्तितः ॥१८-२७॥
harṣaśokānvitaḥ kartā rājasaḥ parikīrtitaḥ (18-27)

अयुक्तः प्राकृतः स्तब्धः शठो नैष्कृतिकोऽलसः ।
ayuktaḥ prākṛtaḥ stabdhaḥ śaṭho naiṣkṛtiko'lasaḥ
विषादी दीर्घसूत्री च कर्ता तामस उच्यते ॥१८-२८॥
viṣādī dīrghasūtrī ca kartā tāmasa ucyate (18-28)

बुद्धेर्भेदं धृतेश्चैव गुणतस्त्रिविधं शृणु ।
buddherbhedaṁ dhṛteścaiva guṇatastrividhaṁ śṛṇu
प्रोच्यमानमशेषेण पृथक्त्वेन धनञ्जय ॥१८-२९॥
procyamānamaśeṣeṇa pṛthaktvena dhanañjaya (18-29)

प्रवृत्तिं च निवृत्तिं च कार्याकार्ये भयाभये ।
pravṛttiṁ ca nivṛttiṁ ca kāryākārye bhayābhaye
बन्धं मोक्षं च या वेत्ति बुद्धिः सा पार्थ सात्त्विकी ॥१८-३०॥
bandhaṁ mokṣaṁ ca yā vetti buddhiḥ sā pārtha sāttvikī (18-30)

यया धर्ममधर्मं च कार्यं चाकार्यमेव च ।
yayā dharmamadharmaṁ ca kāryaṁ cākāryameva ca
अयथावत्प्रजानाति बुद्धिः सा पार्थ राजसी ॥१८-३१॥
ayathāvatprajānāti buddhiḥ sā pārtha rājasī (18-31)

अधर्मं धर्ममिति या मन्यते तमसावृता ।
adharmaṁ dharmamiti yā manyate tamasāvṛtā
सर्वार्थान्विपरीतांश्च बुद्धिः सा पार्थ तामसी ॥१८-३२॥
sarvārthānviparītāṁśca buddhiḥ sā pārtha tāmasī (18-32)

धृत्या यया धारयते मनःप्राणेन्द्रियक्रियाः ।
dhṛtyā yayā dhārayate manaḥprāṇendriyakriyāḥ
योगेनाव्यभिचारिण्या धृतिः सा पार्थ सात्त्विकी ॥१८-३३॥
yogenāvyabhicāriṇyā dhṛtiḥ sā pārtha sāttvikī (18-33)

यया तु धर्मकामार्थान्धृत्या धारयतेऽर्जुन ।
yayā tu dharmakāmārthāndhṛtyā dhārayate'rjuna
प्रसङ्गेन फलाकाङ्क्षी धृतिः सा पार्थ राजसी ॥१८-३४॥
prasaṅgena phalākāṅkṣī dhṛtiḥ sā pārtha rājasī (18-34)

यया स्वप्नं भयं शोकं विषादं मदमेव च ।
yayā svapnaṁ bhayaṁ śokaṁ viṣādaṁ madameva ca
न विमुञ्चति दुर्मेधा धृतिः सा पार्थ तामसी ॥१८-३५॥
na vimuñcati durmedhā dhṛtiḥ sā pārtha tāmasī (18-35)

सुखं त्विदानीं त्रिविधं श‍ृणु मे भरतर्षभ ।
sukhaṁ tvidānīṁ trividhaṁ śṛṇu me bharatarṣabha
अभ्यासाद्रमते यत्र दुःखान्तं च निगच्छति ॥१८-३६॥
abhyāsādramate yatra duḥkhāntaṁ ca nigacchati (18-36)

यत्तदग्रे विषमिव परिणामेऽमृतोपमम् ।
yattadagre viṣamiva pariṇāme'mṛtopamam
तत्सुखं सात्त्विकं प्रोक्तमात्मबुद्धिप्रसादजम् ॥१८-३७॥
tatsukhaṁ sāttvikaṁ proktamātmabuddhiprasādajam (18-37)

विषयेन्द्रियसंयोगाद्यत्तदग्रेऽमृतोपमम् ।
viṣayendriyasaṁyogādyattadagre'mṛtopamam
परिणामे विषमिव तत्सुखं राजसं स्मृतम् ॥१८-३८॥
pariṇāme viṣamiva tatsukhaṁ rājasaṁ smṛtam (18-38)

यदग्रे चानुबन्धे च सुखं मोहनमात्मनः ।
yadagre cānubandhe ca sukhaṁ mohanamātmanaḥ
निद्रालस्यप्रमादोत्थं तत्तामसमुदाहृतम् ॥१८-३९॥
nidrālasyapramādotthaṁ tattāmasamudāhṛtam (18-39)

न तदस्ति पृथिव्यां वा दिवि देवेषु वा पुनः ।
na tadasti pṛthivyāṁ vā divi deveṣu vā punaḥ
सत्त्वं प्रकृतिजैर्मुक्तं यदेभिः स्यात्त्रिभिर्गुणैः ॥१८-४०॥
sattvaṁ prakṛtijairmuktaṁ yadebhiḥ syāttribhirguṇaiḥ (18-40)

ब्राह्मणक्षत्रियविशां शूद्राणां च परन्तप ।
brāhmaṇakṣatriyaviśāṁ śūdrāṇāṁ ca parantapa
कर्माणि प्रविभक्तानि स्वभावप्रभवैर्गुणैः ॥१८-४१॥
karmāṇi pravibhaktāni svabhāvaprabhavairguṇaiḥ (18-41)

शमो दमस्तपः शौचं क्षान्तिरार्जवमेव च ।
śamo damastapaḥ śaucaṁ kṣāntirārjavameva ca
ज्ञानं विज्ञानमास्तिक्यं ब्रह्मकर्म स्वभावजम् ॥१८-४२॥
jñānaṁ vijñānamāstikyaṁ brahmakarma svabhāvajam (18-42)

शौर्यं तेजो धृतिर्दाक्ष्यं युद्धे चाप्यपलायनम् ।
śauryaṁ tejo dhṛtirdākṣyaṁ yuddhe cāpyapalāyanam
दानमीश्वरभावश्च क्षात्रं कर्म स्वभावजम् ॥१८-४३॥
dānamīśvarabhāvaśca kṣātraṁ karma svabhāvajam (18-43)

कृषिगौरक्ष्यवाणिज्यं वैश्यकर्म स्वभावजम् ।
kṛṣigaurakṣyavāṇijyaṁ vaiśyakarma svabhāvajam
परिचर्यात्मकं कर्म शूद्रस्यापि स्वभावजम् ॥१८-४४॥
paricaryātmakaṁ karma śūdrasyāpi svabhāvajam (18-44)

स्वे स्वे कर्मण्यभिरतः संसिद्धिं लभते नरः ।
sve sve karmaṇyabhirataḥ saṁsiddhiṁ labhate naraḥ
स्वकर्मनिरतः सिद्धिं यथा विन्दति तच्छृणु ॥१८-४५॥
svakarmanirataḥ siddhiṁ yathā vindati tacchṛṇu (18-45)

यतः प्रवृत्तिर्भूतानां येन सर्वमिदं ततम् ।
yataḥ pravṛttirbhūtānāṁ yena sarvamidaṁ tatam
स्वकर्मणा तमभ्यर्च्य सिद्धिं विन्दति मानवः ॥१८-४६॥
svakarmaṇā tamabhyarcya siddhiṁ vindati mānavaḥ (18-46)

श्रेयान्स्वधर्मो विगुणः परधर्मात्स्वनुष्ठितात् ।
śreyānsvadharmo viguṇaḥ paradharmātsvanuṣṭhitāt
स्वभावनियतं कर्म कुर्वन्नाप्नोति किल्बिषम् ॥१८-४७॥
svabhāvaniyataṁ karma kurvannāpnoti kilbiṣam (18-47)

सहजं कर्म कौन्तेय सदोषमपि न त्यजेत् ।
sahajaṁ karma kaunteya sadoṣamapi na tyajet
सर्वारम्भा हि दोषेण धूमेनाग्निरिवावृताः ॥१८-४८॥
sarvārambhā hi doṣeṇa dhūmenāgnirivāvṛtāḥ (18-48)

असक्तबुद्धिः सर्वत्र जितात्मा विगतस्पृहः ।
asaktabuddhiḥ sarvatra jitātmā vigataspṛhaḥ
नैष्कर्म्यसिद्धिं परमां संन्यासेनाधिगच्छति ॥१८-४९॥
naiṣkarmyasiddhiṁ paramāṁ saṁnyāsenādhigacchati (18-49)

सिद्धिं प्राप्तो यथा ब्रह्म तथाप्नोति निबोध मे ।
siddhiṁ prāpto yathā brahma tathāpnoti nibodha me
समासेनैव कौन्तेय निष्ठा ज्ञानस्य या परा ॥१८-५०॥
samāsenaiva kaunteya niṣṭhā jñānasya yā parā (18-50)

बुद्ध्या विशुद्धया युक्तो धृत्यात्मानं नियम्य च ।
buddhyā viśuddhayā yukto dhṛtyātmānaṁ niyamya ca
शब्दादीन्विषयांस्त्यक्त्वा रागद्वेषौ व्युदस्य च ॥१८-५१॥
śabdādīnviṣayāṁstyaktvā rāgadveṣau vyudasya ca (18-51)

विविक्तसेवी लघ्वाशी यतवाक्कायमानसः ।
viviktasevī laghvāśī yatavākkāyamānasaḥ
ध्यानयोगपरो नित्यं वैराग्यं समुपाश्रितः ॥१८-५२॥
dhyānayogaparo nityaṁ vairāgyaṁ samupāśritaḥ (18-52)

अहङ्कारं बलं दर्पं कामं क्रोधं परिग्रहम् ।
ahaṅkāraṁ balaṁ darpaṁ kāmaṁ krodhaṁ parigraham
विमुच्य निर्ममः शान्तो ब्रह्मभूयाय कल्पते ॥१८-५३॥
vimucya nirmamaḥ śānto brahmabhūyāya kalpate (18-53)

ब्रह्मभूतः प्रसन्नात्मा न शोचति न काङ्क्षति ।
brahmabhūtaḥ prasannātmā na śocati na kāṅkṣati
समः सर्वेषु भूतेषु मद्भक्तिं लभते पराम् ॥१८-५४॥
samaḥ sarveṣu bhūteṣu madbhaktiṁ labhate parām (18-54)

भक्त्या मामभिजानाति यावान्यश्चास्मि तत्त्वतः ।
bhaktyā māmabhijānāti yāvānyaścāsmi tattvataḥ
ततो मां तत्त्वतो ज्ञात्वा विशते तदनन्तरम् ॥१८-५५॥
tato māṁ tattvato jñātvā viśate tadanantaram (18-55)

सर्वकर्माण्यपि सदा कुर्वाणो मद्व्यपाश्रयः ।
sarvakarmāṇyapi sadā kurvāṇo madvyapāśrayaḥ
मत्प्रसादादवाप्नोति शाश्वतं पदमव्ययम् ॥१८-५६॥
matprasādādavāpnoti śāśvataṁ padamavyayam (18-56)

चेतसा सर्वकर्माणि मयि संन्यस्य मत्परः ।
cetasā sarvakarmāṇi mayi saṁnyasya matparaḥ
बुद्धियोगमुपाश्रित्य मच्चित्तः सततं भव ॥१८-५७॥
buddhiyogamupāśritya maccittaḥ satataṁ bhava (18-57)

मच्चित्तः सर्वदुर्गाणि मत्प्रसादात्तरिष्यसि ।
maccittaḥ sarvadurgāṇi matprasādāttariṣyasi
अथ चेत्त्वमहङ्कारान्न श्रोष्यसि विनङ्क्ष्यसि ॥१८-५८॥
atha cettvamahaṅkārānna śroṣyasi vinaṅkṣyasi (18-58)

यदहङ्कारमाश्रित्य न योत्स्य इति मन्यसे ।
yadahaṅkāramāśritya na yotsya iti manyase
मिथ्यैष व्यवसायस्ते प्रकृतिस्त्वां नियोक्ष्यति ॥१८-५९॥
mithyaiṣa vyavasāyaste prakṛtistvāṁ niyokṣyati (18-59)

स्वभावजेन कौन्तेय निबद्धः स्वेन कर्मणा ।
svabhāvajena kaunteya nibaddhaḥ svena karmaṇā
कर्तुं नेच्छसि यन्मोहात्करिष्यस्यवशोऽपि तत् ॥१८-६०॥
kartuṁ necchasi yanmohātkariṣyasyavaśo'pi tat (18-60)

ईश्वरः सर्वभूतानां हृद्देशेऽर्जुन तिष्ठति ।
īśvaraḥ sarvabhūtānāṁ hṛddeśe'rjuna tiṣṭhati
भ्रामयन्सर्वभूतानि यन्त्रारूढानि मायया ॥१८-६१॥
bhrāmayansarvabhūtāni yantrārūḍhāni māyayā (18-61)

तमेव शरणं गच्छ सर्वभावेन भारत ।
tameva śaraṇaṁ gaccha sarvabhāvena bhārata
तत्प्रसादात्परां शान्तिं स्थानं प्राप्स्यसि शाश्वतम् ॥१८-६२॥
tatprasādātparāṁ śāntiṁ sthānaṁ prāpsyasi śāśvatam (18-62)

इति ते ज्ञानमाख्यातं गुह्याद्गुह्यतरं मया ।
iti te jñānamākhyātaṁ guhyādguhyataraṁ mayā
विमृश्यैतदशेषेण यथेच्छसि तथा कुरु ॥१८-६३॥
vimṛśyaitadaśeṣeṇa yathecchasi tathā kuru (18-63)

सर्वगुह्यतमं भूयः श्रृणु मे परमं वचः ।
sarvaguhyatamaṁ bhūyaḥ śṛṇu me paramaṁ vacaḥ
इष्टोऽसि मे दृढमिति ततो वक्ष्यामि ते हितम् ॥१८-६४॥
iṣṭo'si me dṛḍhamiti tato vakṣyāmi te hitam (18-64)

मन्मना भव मद्भक्तो मद्याजी मां नमस्कुरु ।
manmanā bhava madbhakto madyājī māṁ namaskuru
मामेवैष्यसि सत्यं ते प्रतिजाने प्रियोऽसि मे ॥१८-६५॥
māmevaiṣyasi satyaṁ te pratijāne priyo'si me (18-65)

सर्वधर्मान्परित्यज्य मामेकं शरणं व्रज ।
sarvadharmānparityajya māmekaṁ śaraṇaṁ vraja
अहं त्वा सर्वपापेभ्यो मोक्षयिष्यामि मा शुचः ॥१८-६६॥
ahaṁ tvā sarvapāpebhyo mokṣayiṣyāmi mā śucaḥ (18-66)

इदं ते नातपस्काय नाभक्ताय कदाचन ।
idaṁ te nātapaskāya nābhaktāya kadācana
न चाशुश्रूषवे वाच्यं न च मां योऽभ्यसूयति ॥१८-६७॥
na cāśuśrūṣave vācyaṁ na ca māṁ yo'bhyasūyati (18-67)

य इदं परमं गुह्यं मद्भक्तेष्वभिधास्यति ।
ya idaṁ paramaṁ guhyaṁ madbhakteṣvabhidhāsyati
भक्तिं मयि परां कृत्वा मामेवैष्यत्यसंशयः ॥१८-६८॥
bhaktiṁ mayi parāṁ kṛtvā māmevaiṣyatyasaṁśayaḥ (18-68)

न च तस्मान्मनुष्येषु कश्चिन्मे प्रियकृत्तमः ।
na ca tasmānmanuṣyeṣu kaścinme priyakṛttamaḥ
भविता न च मे तस्मादन्यः प्रियतरो भुवि ॥१८-६९॥
bhavitā na ca me tasmādanyaḥ priyataro bhuvi (18-69)

अध्येष्यते च य इमं धर्म्यं संवादमावयोः ।
adhyeṣyate ca ya imaṁ dharmyaṁ saṁvādamāvayoḥ
ज्ञानयज्ञेन तेनाहमिष्टः स्यामिति मे मतिः ॥१८-७०॥
jñānayajñena tenāhamiṣṭaḥ syāmiti me matiḥ (18-70)

श्रद्धावाननसूयश्च श्रृणुयादपि यो नरः ।
śraddhāvānanasūyaśca śṛṇuyādapi yo naraḥ
सोऽपि मुक्तः शुभाँल्लोकान्प्राप्नुयात्पुण्यकर्मणाम् ॥१८-७१॥
so'pi muktaḥ śubhām̐llokānprāpnuyātpuṇyakarmaṇām (18-71)

कच्चिदेतच्छ्रुतं पार्थ त्वयैकाग्रेण चेतसा ।
kaccidetacchrutaṁ pārtha tvayaikāgreṇa cetasā
कच्चिदज्ञानसम्मोहः प्रनष्टस्ते धनञ्जय ॥१८-७२॥
kaccidajñānasammohaḥ pranaṣṭaste dhanañjaya (18-72)

अर्जुन उवाच --
arjuna uvāca --

नष्टो मोहः स्मृतिर्लब्धा त्वत्प्रसादान्मयाच्युत ।
naṣṭo mohaḥ smṛtirlabdhā tvatprasādānmayācyuta
स्थितोऽस्मि गतसन्देहः करिष्ये वचनं तव ॥१८-७३॥
sthito'smi gatasandehaḥ kariṣye vacanaṁ tava (18-73)

सञ्जय उवाच --
sañjaya uvāca --

इत्यहं वासुदेवस्य पार्थस्य च महात्मनः ।
ityahaṁ vāsudevasya pārthasya ca mahātmanaḥ
संवादमिममश्रौषमद्भुतं रोमहर्षणम् ॥१८-७४॥
saṁvādamimamaśrauṣamadbhutaṁ romaharṣaṇam (18-74)

व्यासप्रसादाच्छ्रुतवानेतद्गुह्यमहं परम् ।
vyāsaprasādācchrutavānetadguhyamahaṁ param
योगं योगेश्वरात्कृष्णात्साक्षात्कथयतः स्वयम् ॥१८-७५॥
yogaṁ yogeśvarātkṛṣṇātsākṣātkathayataḥ svayam (18-75)

राजन्संस्मृत्य संस्मृत्य संवादमिममद्भुतम् ।
rājansaṁsmṛtya saṁsmṛtya saṁvādamimamadbhutam
केशवार्जुनयोः पुण्यं हृष्यामि च मुहुर्मुहुः ॥१८-७६॥
keśavārjunayoḥ puṇyaṁ hṛṣyāmi ca muhurmuhuḥ (18-76)

तच्च संस्मृत्य संस्मृत्य रूपमत्यद्भुतं हरेः ।
tacca saṁsmṛtya saṁsmṛtya rūpamatyadbhutaṁ hareḥ
विस्मयो मे महान् राजन्हृष्यामि च पुनः पुनः ॥१८-७७॥
vismayo me mahān rājanhṛṣyāmi ca punaḥ punaḥ (18-77)

यत्र योगेश्वरः कृष्णो यत्र पार्थो धनुर्धरः ।
yatra yogeśvaraḥ kṛṣṇo yatra pārtho dhanurdharaḥ
तत्र श्रीर्विजयो भूतिर्ध्रुवा नीतिर्मतिर्मम ॥१८-७८॥
tatra śrīrvijayo bhūtirdhruvā nītirmatirmama (18-78)

ॐ तत्सदिति श्रीमद्भगवद्गीतासूपनिषत्सु
om tatsaditi śrīmadbhagavadgītāsūpaniṣatsu
ब्रह्मविद्यायां योगशास्त्रे श्रीकृष्णार्जुनसंवादे
brahmavidyāyāṁ yogaśāstre śrīkṛṣṇārjunasaṁvāde
मोक्षसंन्यासयोगो नाम अष्टादशोऽध्यायः ॥
mokṣasaṁnyāsayogo nāma aṣṭādaśo'dhyāyaḥ .

~ॐ~ॐ~ॐ~ॐ~ॐ~ॐ~ ॐ~ ॐ~ ॐ~

ॐ

ॐ ॐ ॐ ॐ ॐ ॐ ॐ ॐ ॐ ॐ ॐ ॐ ॐ ॐ ॐ ॐ ॐ ॐ
ॐ ॐ ॐ ॐ ॐ ॐ ॐ ॐ ॐ ॐ ॐ ॐ ॐ ॐ ॐ ॐ
ॐ ॐ ॐ ॐ ॐ ॐ ॐ ॐ ॐ ॐ ॐ ॐ ॐ ॐ
ॐ ॐ ॐ ॐ ॐ ॐ ॐ ॐ ॐ ॐ ॐ ॐ
ॐ ॐ ॐ ॐ ॐ ॐ ॐ ॐ ॐ ॐ
ॐ ॐ ॐ ॐ ॐ ॐ ॐ ॐ
ॐ ॐ ॐ ॐ ॐ ॐ
ॐ ॐ ॐ ॐ
ॐ ॐ
-::-

कायेन वाचा मनसेंद्रियैर्वा ।
kāyena vācā manaseṁdriyairvā ,
बुद्ध्यात्मना वा प्रकृतिस्वभावात् ।
buddhyātmanā vā prakṛtisvabhāvāt ,
करोमि यद्यत् सकलं परस्मै ।
karomi yadyat sakalaṁ parasmai ,
नारायणायेति समर्पयामि ॥
nārāyaṇāyeti samarpayāmi .

ॐ शान्तिः शान्तिः शान्तिः ॐ शान्तिः शान्तिः शान्तिः ॐ शान्तिः शान्तिः शान्तिः

— ॐ —

— ॐ — गीतामाहात्म्यम् — ॐ —

— ॐ — gītāmāhātmyam — ॐ —

— ॐ —

गीताशास्त्रमिदं पुण्यं यः पठेत्प्रयतः पुमान् ।
gītāśāstramidaṁ puṇyaṁ yaḥ paṭhetprayataḥ pumān ,
विष्णोः पदमवाप्नोति भयशोकादिवर्जितः ॥
viṣṇoḥ padamavāpnoti bhayaśokādivarjitaḥ .

— ॐ —

गीताध्ययनशीलस्य प्राणायामपरस्य च ।
gītādhyayanaśīlasya prāṇāyāmaparasya ca ,
नैव सन्ति हि पापानि पूर्वजन्मकृतानि च ॥
naiva santi hi pāpāni pūrvajanmakṛtāni ca .

— ॐ —

मलनिर्मोचनं पुंसां जलस्नानं दिने दिने ।
malanirmocanaṁ puṁsāṁ jalasnānaṁ dine dine ,
सकृद्गीताम्भसि स्नानं संसारमलनाशनम् ॥
sakṛdgītāmbhasi snānaṁ saṁsāramalanāśanam .

— ॐ —

गीता सुगीता कर्तव्या किमन्यैः शास्त्रविस्तरैः ।
gītā sugītā kartavyā kimanyaiḥ śāstravistaraiḥ ,
या स्वयं पद्मनाभस्य मुखपद्माद्विनिःसृता ॥
yā svayaṁ padmanābhasya mukhapadmādviniḥsṛtā .

— ॐ —

भारतामृतसर्वस्वं विष्णोर्वक्त्राद्विनिःसृतम् ।
bhāratāmṛtasarvasvaṁ viṣṇorvaktrādviniḥsṛtam ,
गीतागङ्गोदकं पीत्वा पुनर्जन्म न विद्यते ॥
gītāgaṅgodakaṁ pītvā punarjanma na vidyate .

— ॐ —

एकं शास्त्रं देवकीपुत्रगीतमेको देवो देवकीपुत्र एव ।
ekaṁ śāstraṁ devakīputragītameko devo devakīputra eva ,
एको मन्त्रस्तस्य नामानि यानि कर्माप्येकं तस्य देवस्य सेवा ॥
. eko mantrastasya nāmāni yāni karmāpyekaṁ tasya devasya sevā .

— ॐ — ॐ — ॐ — ॐ — ॐ — ॐ — ॐ — ॐ — ॐ — ॐ — ॐ —

— ॐ —

वक्रतुंड महाकाय कोटिसूर्यसमप्रभ।
vakratumḍa mahākāya koṭisūryasamaprabha ,
निर्विघ्नं कुरु मे देव सर्वकार्येषु सर्वदा ॥
nirvighnaṁ kuru me deva sarvakāryeṣu sarvadā .

— ॐ —

गुरुर्ब्रह्मा गुरुर्विष्णूः गुरुर्देवो महेश्वरः।
gururbrahmā gururviṣṇūḥ gururdevo maheśvaraḥ ,
गुरुः साक्षात् परब्रह्म तस्मै श्रीगुरवे नमः ॥
guruḥ sākṣāt parabrahma tasmai śrīgurave namaḥ .

— ॐ —

श्रीमन्महागणाधिपतये नमः। श्री सरस्वत्यै नमः।
śrīmanmahāgaṇādhipataye namaḥ , śrī sarasvatyai namaḥ ,
श्रीगुरवे नमः। श्रीमातापितृभ्यां नमः।
śrīgurave namaḥ , śrīmātāpitṛbhyāṁ namaḥ ,
श्रीलक्ष्मीनारायणाभ्यां नमः। श्रीमामहेश्वराभ्यां नमः।
śrīlakṣmīnārāyaṇābhyāṁ namaḥ , śrīumāmaheśvarābhyāṁ namaḥ ,
इष्टदेवताभ्यो नमः। कुलदेवताभ्यो नमः।
iṣṭadevatābhyo namaḥ , kuladevatābhyo namaḥ ,
स्थानदेवताभ्यो नमः। वास्तुदेवताभ्यां नमः।
sthānadevatābhyo namaḥ , vāstudevatābhyāṁ namaḥ ,
सर्वेभ्यो देवेभ्यो नमो नमः।
sarvebhyo devebhyo namo namaḥ ,
अविघ्नमस्तु। देवतावंदनम् ॥
avighnamastu , devatāvaṁdanam .

— ॐ —

मन्त्रहीनं क्रियाहीनं भक्तिहीनं सुरेश्वर
mantrahīnaṁ kriyāhīnaṁ bhaktihīnaṁ sureśvara
यत्पूजितं मयादेव परिपूर्णं तदस्तु मे ॥
yatpūjitaṁ mayādeva paripūrṇaṁ tadastu me .

— ॐ —

अच्युतं केशवं रामनारायणम्। कृष्णदामोदरं वासुदेवं हरिम्।

acyutaṁ keśavaṁ rāmanārāyaṇam ,
kṛṣṇadāmodaraṁ vāsudevaṁ harim ,

श्रीधरं माधवं गोपिकावल्लभम्। जानकीनायकं रामचंद्रं भजे ॥

śrīdharaṁ mādhavaṁ gopikāvallabham ,
jānakīnāyakaṁ rāmacaṁdraṁ bhaje .

— ॐ —

मङ्गलं भगवान्विष्णुर्मङ्गलं गरुडध्वजः।

maṅgalaṁ bhagavānviṣṇurmaṅgalaṁ garuḍadhvajaḥ ,

मङ्गलं पुण्डरीकाक्षो मङ्गलायतनं हरिः ॥

maṅgalaṁ puṇḍarīkākṣo maṅgalāyatanaṁ hariḥ .

— ॐ —

कृष्णाय वासुदेवाय हरये परमात्मने।

kṛṣṇāya vāsudevāya haraye paramātmane ,

प्रणत क्लेश नाशाय गोविन्दाय नमो नमः।

praṇata kleśa nāśāya govindāya namo namaḥ ,

— ॐ —

रामाय रामभद्राय रामचंद्राय वेधसे।

rāmāya rāmabhadrāya rāmacaṁdrāya vedhase ,

रघुनाथाय नाथाय सीतायाः पतये नमः ॥

raghunāthāya nāthāya sītāyāḥ pataye namaḥ .

— ॐ —

श्रीरामचंद्रचरणौ मनसा स्मरामि। श्रीरामचंद्रचरणौ वचसा गृणामि।

śrīrāmacaṁdracaraṇau manasā smarāmi ,
śrīrāmacaṁdracaraṇau vacasā gṛṇāmi ,

श्रीरामचंद्रचरणौ शिरसा नमामि। श्रीरामचंद्रचरणौ शरणं प्रपद्ये ॥

śrīrāmacaṁdracaraṇau śirasā namāmi ,
śrīrāmacaṁdracaraṇau śaraṇaṁ prapadye .

— ॐ —

मनोजवं मारुततुल्यवेगम् जितेन्द्रियं बुद्धिमतां वरिष्ठम्।

manojavaṁ mārutatulyavegam jitendriyaṁ buddhimatāṁ variṣṭham ,

वातात्मजं वानरयूथमुख्यम् श्रीरामदूतं शरणं प्रपद्ये ॥

vātātmajaṁ vānarayūthamukhyam śrīrāmadūtaṁ śaraṇaṁ prapadye .

— ॐ —

अतुलितबलधामं हेमशैलाभदेहं

atulitabaladhāmaṁ hemaśailābhadehaṁ

दनुजवनकृशानुं ज्ञानिनामग्रगण्यम्।

danujavanakṛśānuṁ jñānināmagragaṇyam ,

सकलगुणनिधानं वानराणामधीशं
sakalaguṇanidhānaṁ vānarāṇāmadhīśaṁ
रघुपतिप्रियभक्तं वातजातं नमामि ॥
raghupatipriyabhaktaṁ vātajātaṁ namāmi .

— ॐ —

कर्पूरगौरं करुणावतारं संसारसारं भुजगेन्द्रहारम्।
karpūragauraṁ karuṇāvatāraṁ saṁsārasāraṁ bhujagendrahāram ,
सदा वसन्तं हृदयारविन्दे भवं भवानीसहितं नमामि ॥
sadā vasantaṁ hṛdayāravinde bhavaṁ bhavānīsahitaṁ namāmi .

— ॐ —

ॐ त्रयम्बकं यजामहे सुगन्धिं पुष्टिवर्धनम्।
om trayambakaṁ yajāmahe sugandhiṁ puṣṭivardhanam ,
उर्वारुकमिव बन्धनान् मृत्योर्मुक्षीय मामृतात् ॥
urvārukamiva bandhanān mṛtyormukṣīya māmṛtāt .

— ॐ —

ॐ शिव ॐ शिव परात्परा शिव ओङ्कार शिव तव शरणम्।
om śiva om śiva parātparā śiva oṅkāra śiva tava śaraṇam ,
नमामि शङ्कर भजामि शङ्कर उमामहेश्वर तव शरणम् ॥
namāmi śaṅkara bhajāmi śaṅkara umāmaheśvara tava śaraṇam .

— ॐ —

मङ्गलं भगवान् शंभुः मङ्गलं वृषभध्वजः।
maṅgalaṁ bhagavān śaṁbhuḥ maṅgalaṁ vṛṣabhadhvajaḥ ,
मङ्गलं पार्वतीनाथो मङ्गलायतनो हरः ॥
maṅgalaṁ pārvatīnātho maṅgalāyatano haraḥ .

— ॐ —

सर्व मङ्गल माङ्गल्ये शिवे सर्वार्थ साधिके।
sarva maṅgala māṅgalye śive sarvārtha sādhike ,
शरण्ये त्र्यम्बके गौरी नारायणी नमोऽस्तुते ॥
śaraṇye tryambake gaurī nārāyaṇī namo'stute .

— ॐ —

अन्नपूर्णे सदापूर्णे शङ्करः प्राणवल्लभे।
annapūrṇe sadāpūrṇe śaṅkaraḥ prāṇavallabhe ,
ज्ञान वैराग्य सिध्यर्थं भिक्षां देहि च पार्वती ॥
jñāna vairāgya siddhyarthaṁ bhikṣāṁ dehi ca pārvatī .

— ॐ —

सरस्वति नमस्तुभ्यं वरदे कामरूपिणि।

sarasvati namastubhyaṁ varade kāmarūpiṇi ,

विद्यारम्भं करिष्यामि सिद्धिर्भवतु मे सदा ॥

vidyārambhaṁ kariṣyāmi siddhirbhavatu me sadā .

— ॐ —

सिद्धिबुद्धिप्रदे देवि भुक्तिमुक्ति प्रदायिनि।

siddhibuddhiprade devi bhuktimukti pradāyini ,

मन्त्रमूर्ते सदा देवि महालक्ष्मि नमोऽस्तुते ॥

mantramūrte sadā devi mahālakṣmi namo'stute .

— ॐ —

समुद्रवसने देवि पर्वतस्तनमण्डले।

samudravasane devi parvatastanamaṇḍale ,

विष्णुपत्नि नमस्तुभ्यं पादस्पर्शं क्षमस्वमे ॥

viṣṇupatni namastubhyaṁ pādasparśaṁ kṣamasvame .

— ॐ —

महालक्ष्मी च विद्महे। विष्णुपत्नी च धीमहि।

mahālakṣmī ca vidmahe , viṣṇupatnī ca dhīmahi ,

तन्नो लक्ष्मीः प्रचोदयात् ॥

tanno lakṣhmīḥ pracodayāt .

— ॐ —

या देवी सर्वभूतेषु मातृरूपेण संस्थिता।

yā devī sarvabhūteṣu mātṛrūpeṇa saṁsthitā ,

या देवी सर्वभूतेषु शक्तिरूपेण संस्थिता।

yā devī sarvabhūteṣu śaktirūpeṇa saṁsthitā ,

या देवी सर्वभूतेषु शान्तिरूपेण संस्थिता।

yā devī sarvabhūteṣu śāntirūpeṇa saṁsthitā ,

नमस्तस्यै नमस्तस्यै नमस्तस्यै नमो नमः ॥

namastasyai namastasyai namastasyai namo namaḥ .

— ॐ —

शरणागतदीनार्तपरित्राणपरायणे।

śaraṇāgatadīnārtaparitrāṇaparāyaṇe ,

सर्वस्यार्तिहरे देवि नारायणि नमोऽस्तु ते ॥

sarvasyārtihare devi nārāyaṇi namo'stu te .

— ॐ —

सर्वस्वरूपे सर्वेशे सर्वशक्ति समन्विते।
sarvasvarūpe sarveśe sarvaśakti samanvite ,
भयेभ्यस्त्राहि नो देवि दुर्गे देवि नमोऽस्तुते ॥
bhayebhyastrāhi no devi durge devi namo'stute .

— ॐ —

गङ्गेच यमुने चैव गोदावरी सरस्वती।
gaṅgeca yamune caiva godāvarī sarasvatī ,
नर्मदा सिंधु कावेरी जलेऽस्मिन् सन्निधं कुरु ॥
narmadā siṁdhu kāverī jale'smin sannidhaṁ kuru .

— ॐ —

अहल्या द्रौपदी सीता तारा मन्दोदरी तथा।
ahalyā draupadī sītā tārā mandodarī tathā ,
पंचकन्या स्मरेन्नित्यं महापातकनाशनम् ॥
paṁcakanyā smarennityaṁ mahāpātakanāśanam .

— ॐ —

ब्रह्माणं शङ्करं विष्णुं यमं रामं दनुं बलिम्।
brahmāṇaṁ śaṅkaraṁ viṣṇuṁ yamaṁ rāmaṁ danuṁ balim ,
सप्तैतान् यःस्मरेन्नित्यं दुःस्वपन्स्तस्य नश्यति ॥
saptaitān yaḥsmarennityaṁ duḥsvapanstasya naśyati .

— ॐ —

यानि कानि च पापानि जन्मान्तरकृतानि च।
yāni kāni ca pāpāni janmāntarakṛtāni ca ,
तानि तानि विनश्यन्ति प्रदक्षिणपदे पदे ॥
tāni tāni vinaśyanti pradakṣiṇapade pade .

— ॐ —

आवाहनं न जानामि न जानामि विसर्जनं।
āvāhanaṁ na jānāmi na jānāmi visarjanaṁ ,
तस्मात्कारुण्य भावेन क्षमस्व परमेश्वर ॥
tasmātkāruṇya bhāvena kṣamasva parameśvara .
यदक्षर पदभ्रष्टं मात्रा हीनन्तु यद्भवेत्।
yadakṣara padabhraṣṭaṁ mātrā hīnantu yadbhavet ,
तत्सर्वं क्षम्यतां देव नारायण नमोऽस्तुते ॥
tatsarvaṁ kṣamyatāṁ deva nārāyaṇa namo'stute .

— ॐ —

गतं पापं गतं दुःखं गतं दारिद्र्यमेव च।
gataṁ pāpaṁ gataṁ duḥkhaṁ gataṁ dāridryameva ca ,
आगता सुखसम्पत्तिः पुण्याच्च तव दर्शनात् ॥
āgatā sukhasampattiḥ puṇyācca tava darśanāt .

— ॐ —

अन्यथा शरणं नास्ति त्वमेव शरणं मम।
anyathā śaraṇaṁ nāsti tvameva śaraṇaṁ mama ,
तस्मात्कारुण्यभावेन रक्षस्व परमेश्वर ॥
tasmātkāruṇyabhāvena rakṣasva parameśvara .

— ॐ —

सर्वे भवंतु सुखिनः सर्वे संतु निरामयाः।
sarve bhavaṁtu sukhinaḥ sarve saṁtu nirāmayāḥ ,
सर्वे भद्राणि पश्यंतु मा कश्चिद् दुःखभाग्भवेत् ॥
sarve bhadrāṇi paśyaṁtu mā kaścid duḥkhabhāgbhavet .

— ॐ —

असितगिरिसमस्यात् कज्जलं सिंधूपात्रे
asitagirisamasyāt kajjalaṁ siṁdhūpātre
सुरतरुवरशाखा लेखनी पत्रमूर्वी।
surataruvaraśākhā lekhanī patramūrvī ,
लिखति यदि गृहित्वा शारदा सर्वकालं
likhati yadi gṛhitvā śāradā sarvakālaṁ
तदपि तव गुणानामीश पारं न याति ॥
tadapi tava guṇānāmīśa pāraṁ na yāti .

— ॐ —

ॐ भूर्भुवः स्वः तत्सवितुर्वरेण्यम्
oṁ bhūrbhuvaḥ svaḥ tatsaviturvareṇyam
भर्गो देवस्य धीमहि धियो यो नः प्रचोदयात् ॥
bhargo devasya dhīmahi dhiyo yo naḥ pracodayāt .

— ॐ —

हरे राम हरे राम राम राम हरे हरे।
hare rāma hare rāma rāma rāma hare hare ,
हरे कृष्ण हरे कृष्ण कृष्ण कृष्ण हरे हरे ॥
hare kṛṣṇa hare kṛṣṇa kṛṣṇa kṛṣṇa hare hare .

ॐ शान्तिः शान्तिः शान्तिः ॥
oṁ śāntiḥ śāntiḥ śāntiḥ .

~ॐ~ॐ~ॐ~ॐ~ॐ~ॐ~ॐ~

www.ingramcontent.com/pod-product-compliance
Lightning Source LLC
Chambersburg PA
CBHW051805100526
44592CB00016B/2568
* 9 7 8 1 9 4 5 7 3 9 8 1 1 *